Mogens Kirckhoff

MIND
MAPPING

Einführung in eine
kreative Arbeitsmethode

Mogens Kirckhoff

Mind Mapping

Einführung in eine kreative Arbeitsmethode

12. Auflage

Titel der Originalausgabe: Sådan bruger du mind-maps

Die Deutsche Bebliothek - CIP-Einheitsaufnahme

Kirckhoff, Mogens :
Mind Mapping : Einführung in eine kreative Arbeitsmethode /
Mogens Kirckhoff. [Aus dem Dän. übers. von Rainer Berg]. -
11. Aufl. - Offenbach : GABAL, 1997
  Einheitssacht.: Sådan bruger du mind-maps ‹dt.›
  ISBN 3-89749-452-3

Aus dem Dänischen übersetzt von Dr. Rainer Berg

Cover: Axel Gross, Bremen
Titelphoto: Matthias Hinkelmann
Zeichnungen: Ole Høegh Post
Grafik: Jørgen Lund
Mind Maps der deutschen Ausgabe: Dagmar Pommerening
Herstellung: Udo Erlhofer
Druck und Verarbeitung: Richard Bretschneider GmbH, Braunschweig

Verlagsinformationen:
GABAL Verlag GmbH
Schumannstr. 155
63069 Offenbach

www.gabal-verlag.de
info@gabel-verlag.de

Danke!

Ich bedanke mich hiermit ganz herzlich bei meiner Familie und meinen Freunden, die mir mit ihrer Unterstützung und positiven Kritik zu der spannenden Erfahrung verholfen haben, dieses Buch vorzubereiten und zu schreiben:

Richard Arendal, Peter Bach, Bo Creutz, Lone Grinder, Marianne Halling, Uwe Hansen, Hanne Iversen, Thomas Jarløv, Mie, Morten und Merete Kirckhoff, Inge und Jørgen Lund, Isabella Olsen, Ole Høegh Post, Finn Nielsen, Søren Ribel-Madsen und Birgit Zankel.

MIND MAPPING

INHALTSVERZEICHNIS

KAPITEL 3

MIND-MAPS IM ALLTAG   85

KAPITEL 4

Zur neueren Gehirnforschung: RECHTES UND LINKES GEHIRN   101

Vorwort

Dieses Buch habe ich geschrieben, weil ich Sie mit einer Methode vertraut machen möchte, die in genial einfacher Weise Ihr sprachliches und Ihr bildhaftes Denken miteinander verbindet. Bis vor kurzem glaubte man, logisches, analytisches Überlegen und assoziatives, kreatives Denken zur gleichen Zeit schlössen einander aus, oder würden sich zumindest gegenseitig stören. Heute weiß man, warum das in der Tat oft so ist. Aber wir wissen jetzt auch, daß dieser Gegensatz überwunden werden kann.

Sobald Sie Ihre ersten zwei, drei Mind-Maps produziert haben – und das können Sie schon nach wenigen Seiten Lektüre dieses Buches –, werden Sie das angenehm fliessende Gefühl in Kopf und Körper spüren, das sich einstellt, wenn linkes und rechtes Gehirn nicht länger um die Vorherrschaft streiten, sondern ihre Potentiale vereinigen.

Mit Hilfe der Mind-Map-Methode können Sie die *gesamte* Kapazität Ihrer geistigen Fähigkeiten individuell, schnell und umfassend nutzen. Mind-Maps unterstützen Ihr Gedächtnis, Ihre Konzentration, Ihre Effektivität, Ihren Überblick, Ihren Ideenreichtum - und machten viel Spaß! Sie können sie bei den kleinsten Alltagsaufgaben und bei höchst komplexen Projekten einsetzen: Ein Haus planen oder ein Geburtstagsfest, ein Interview vorbereiten oder eine Konferenz mit vielen Menschen, im Unterricht oder beim kreativen Schaffen.

Erlernbar ist die Methode innerhalb kürzester Zeit. Sie werden schnell sehen, wie praktisch es ist, für die verschiedensten Aufgabentypen ein und dieselbe Lösungsmethode zur Hand zu haben.

Blättern Sie das Buch erst einmal in Ruhe durch, bevor Sie mit dem konzentrierten Lesen beginnen. Die rechten Buchseiten zeigen verschiedene Mind-Map-Beispiele. So sieht die praktische Umsetzung der Methode aus.

Das erste Kapitel macht Sie mit den Grundregeln vertraut.

Kapitel zwei erläutert anhand verschiedener Beispiele, wo und wie die Methode eingesetzt werden kann. Jeder Abschnitt zeigt an einem Beispiel die Grenzen traditioneller Arbeitsweisen auf und vermittelt anschließend den Lösungsweg mit Hilfe der Mind-Map-Methode. Die hier abgebildeten Mind-Maps sind für die Zwecke dieses Buches vereinfacht dargestellt und dem Format angepaßt.

In Kapitel drei wird die Mind-Map-Methode in verschiedenen Alltagssituationen real angewendet. Dies sind Mind-Maps, wie sie tatsächlich gezeichnet wurden. Hier zeigt sich ihre schöpferische Vielfalt.

Das vierte Kapitel vermittelt die Grundlagen der Hemisphären-Dominanz-Theorie. *Wer mit den unterschiedlichen Funktionen und der Aufgabenteilung von rechter und linker Gehirnhälfte nicht vertraut ist, sollte mit diesem vierten Kapitel beginnen.*

Die Literaturliste enthält die diesem Buch zugrundeliegenden Standardwerke sowie weiterführende Fachliteratur.

Noch ein paar Gedanken zu unserem Begriff »Mind-Map«, den der Engländer Tony Buzan eingeführt hat. Wir haben lange nach einer adäquaten Übersetzung gesucht: »Gedankenführer«, »Gedächtniskarte«, »Fall-Zusammenhänge«, »Spinnennetz-Notizen«, »Ideen-Muster« und »Entscheidungs-Baum« sind nur einige der Beispiele, die wir wieder verworfen haben.

Was macht die Übersetzung so schwierig? Das Wort »mind« beinhaltet ganz verschiedene und doch wesensverwandte Elemente des mentalen Komplexes: Geist Inspiration, Gedächtnis, Erinnerung, Assoziation, Gedankenarbeit, Ideenquelle und Ideenspeicher - um nur einige Beispiele aufzuführen. Es läßt sich einfach nicht mit einem einzigen Wort übersetzen.

Daher hat sich der Autor (und der Übersetzer) schließlich für den Ausgangsbegriff entschieden. Im folgenden nennen wir die Bilder »MIND-MAPS« und das Verfahren »MIND-MAPPING«.

Einmal von der Methode angesteckt, werden Sie nicht wieder von ihr lassen können -

viel Spaß beim MIND MAPPING !

Mogens Kirckhoff

Einleitung

Die Frage danach, wie das Gehirn funktioniert, wie das menschliche Denken abläuft, hat die Menschheit schon immer beschäftigt - und fasziniert. Aristoteles (ca. 350 Jahre vor Chr.) war zum Beispiel der Meinung, daß sich die Gedanken in der Phantasie bewußt oder unbewußt zu Bildern zusammenfügen. Er glaubte, daß das Erinnerungsvermögen die einmal vorhandenen Gedankenbilder zu späteren Zeitpunkten beliebig rekonstruieren kann, indem wir uns ein Vorstellungsbild schaffen, das in einem natürlichen Zusammenhang zu dem abzurufenden Gedächtnisbild steht. Außerdem war der griechische Philosoph der Überzeugung, daß einander ähnelnde Bilder in vergleichbaren Zusammenhängen gleichzeitig abgerufen werden. Nach Aristoteles erfolgt unser Zugang zum Gedächtnis also über einen Grundbestand an Schlüsselbildern.

Wir haben uns daran gewöhnt, Gedanken in Wörter und Sätze zu formulieren. Indem wir sie Zeile für Zeile aufschreiben, können wir die ihnen zugrundeliegenden Gedanken beim Lesen jederzeit wieder mobilisieren. Dieses »technische« Hilfsmittel benutzt die Menschheit jedoch erst seit außerordentlich kurzer Zeit. Die Schrift hat als »objektive« Gedächtnisstütze zum Abrufen von Gedankenbildern kaum Tradition. Lange Zeit hat sich der Mensch fast ausschließlich auf sein Gehirn verlassen, um Gedanken zu formen, zu koordinieren und abzurufen.

Der griechische Lyriker Simonides (500 v. Chr.) war als Lehrmeister einer Technik bekannt, die stundenlange Reden und Vorträge - den Gebrauch von Lehrsätzen und Zitaten eingeschlossen - ohne Manuskript ermöglichte.

Seine Schüler wurden hauptsächlich darin trainiert, sich von allem, was sie sagen wollten, bildhafte Vorstellungen zu machen.

Zunächst stellten sie sich einen ihnen bekannten Raum vor. Das konnte beispielsweise das Innere eines Tempels sein. Bei der gedanklichen Vorbereitung ihrer Rede gestalteten sie die Wörter, Sätze und Zitate zu bildhaften Vorstellungen aus und »plazierten« sie in der Phantasie an einer Stelle des Tempelsaales - beispielsweise an einer Säule, im Gewölbe oder auf den Treppenstufen. Mit Hilfe ihrer Phantasie versetzten sich die Schüler dann zu Beginn ihrer Rede wieder in das Innere des Tempels und wie auf einem geistigen Rundgang betrachteten sie während des Vortrages ihre zuvor aufgehängten, abgelegten und abgestellten Bilder.

Da in der Phantasie bekanntlich alles möglich ist, konnten Simonides Schüler ihre Rundgänge ganz beliebig gestalten. Sie konnten alle Bilder in ihrer Gesamtheit betrachten, einzelne Bilder in unterschiedlichen Kombinationen abrufen, sich auf Details konzentrieren und sogar Einzelheiten oder ganze Komplexe im Inneren ihres Gebäudes austauschen.

Weit fortgeschrittene Schüler gestalteten sich ihre Gedankenwelt mit recht anregenden Bildern. So soll es im Mittelalter einen Gedächtniskünstler namens Petrus Ravennus gegeben haben, der zehntausend Gedankenbilder zur Verfügung gehabt haben soll. In all seinen Vorstellungsbildern spielten schöne Frauen ein entscheidene Rolle.

Doch auch in der Geschichte der geschriebenen Sprache fanden sich immer wieder Ansätze, die bei der Niederschrift oder Lektüre von Texten entstehenden Gedankenbilder zu sortieren. So arbeitete der katalanische Philosoph Ramon Llull (etwa 1232 - 1316) an Methoden der Gedankenstrukturierung und -sortierung. Er suchte nach Koordinierungsmöglichkeiten von Worten, Begriffen und Bildern mit Hilfe eines lexikalischen Systems. Indem er die Zusammenhänge zwischen den einzelnen Wörtern und Begriffen als Baum darstellte, mit Wurzeln, einem Stamm, der sich dann wieder in Äste, Zweige und Blätter aufgliederte, hatte er eine universale Methode gefunden, die uns heute noch als »Stammbaum« geläufig ist (auf einem Blick werden z. B. komplexe verwandtschaftliche Verhältnisse sofort erkennbar). Hier könnte einer der geschichtlichen Vorläufer der Mind-Map-Methode liegen.

Die Erfindung der Buchdruckerkunst im 15. Jahrhundert verdrängte diese »natürlichen« Gedächtnisstützen und setzte an ihre Stelle das mit Texten bedruckte Papier. Das »lineare System« beherrschte die folgenden Jahrhunderte: Zeile für Zeile werden seither Gedankenbilder und -zusammenhänge gespeichert und abgerufen.

Wir sind heute mit einem unaufhaltsam anwachsenden Strom von Informationen konfrontiert. Wer auf dem Laufenden bleiben will, muß sie gezielt aus Büchern, Zeitungen und Zeitschriften, aus Radio und Fernsehen auswählen.

Läßt sich dieser endlose Zuwachs an Informationen und Kenntnissen so speichern und kontrollieren, daß wir bei Bedarf später jederzeit darauf zurückgreifen können?

Die Antwort ist ein eindeutiges JA!

Das menschliche Gehirn verfügt über phantastische Kapazitäten. Unser durchschnittliches Erinnerungsvermögen beweist dies ebenso wie die antiken Gedächtnismethoden und die jüngsten Erkenntnisse der Gehirnforschung. Wir benutzen im allgemeinen jedoch nur einen kleinen Teil unseres Gehirns. An vorhandenem »Platz« mangelt es nicht. Aber vielleicht an der richtigen Methode?

Die technologische Informationsgesellschaft der Zukunft stellt immer neue Anforderungen an eine schnelle und effektive Informationsverarbeitung. Wir sollten daher den Möglichkeiten unseres Gehirns die gebührende Aufmerksamkeit schenken.

Jeder kann seine ureigenen Strukturen und Kapazitäten mit Hilfe der Mind-Map-Methode fördern und entwickeln. Sie ermöglicht auf einzigartige Weise das blitzschnelle Erfassen aller Gedanken und Ideen, die bei der Bearbeitung einer Aufgabe oder der Lösung eines Problems auftauchen.

Konzipiert wurde sie in den siebziger Jahren von dem Engländer Tony Buzan. Die Methode basiert auf neuen Erkenntnissen der Gehirnforschung und auf der Aufgabenteilung zwischen den beiden Hemisphären des Großhirns. Näheres dazu im vierten Kapitel.

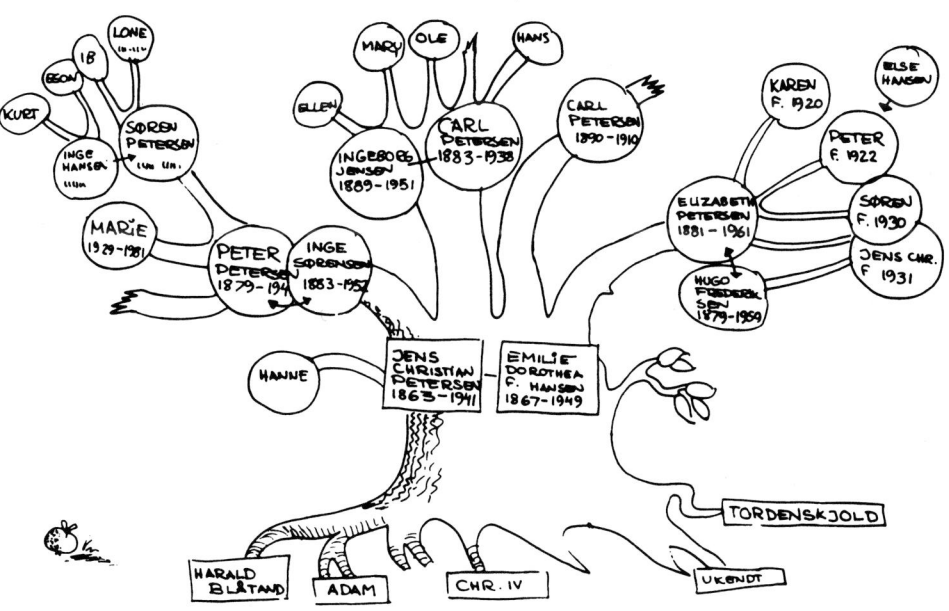

KURT

EGON

IB

LONE

INGE HANSEN

SØREN PETERSEN

MARIE 1929-1981

ELLEN

MARY

OLE

HANS

INGEBORG JENSEN 1889-1951

CARL PETERSEN 1883-1938

CARL PETERSEN 1890-1910

PETER PETERSEN 1879-194

INGE SØRENSEN 1883-195

KAREN F. 1920

ELSE HANSEN

PETER F. 1922

SØREN F. 1930

JENS CHR. F. 1931

ELIZABETH PETERSEN 1881-1961

HUGO FREDERIK SEN 1879-1959

HANNE

JENS CHRISTIAN PETERSEN 1863-1941

EMILIE DOROTHEA F. HANSEN 1867-1949

TORDENSKJOLD

HARALD BLÅTAND

ADAM

CHR. IV

UKENDT

Kapitel 1

SO WERDEN MIND-MAPS GEMACHT

Aller Anfang ist leicht! Hier erfahren Sie, wie das Grundmuster eines Mind-Maps entsteht.

Die Prinzipien der Methode werden geschildert und die einfachen Regeln, mit denen gearbeitet wird.

Am Ende des Kapitels können Sie bereits Ihr erstes eigenes Mind-Map entwerfen, und nach ein paar Mind-Maps aus eigener Hand werden Sie merken, wie gut Sie die Methode in Ihrem Alltag einsetzen können.

MIND-MAPS

Gedanken aller Art, Ideen und Informationen sowie Problemstellungen ganz unterschiedlichen Umfangs können mit einem Mind-Map methodisch festgehalten werden. Nicht nur alleine, sondern auch zu zweit und in größeren Gruppen empfiehlt sich die Anwendung von Mind-Maps. Gerade wenn unterschiedliche Meinungen aufeinandertreffen, fördert die Mind-Map-Methode eine übersichtliche und konstruktive Kommunikation.

Das Erlernen der Methode selbst ist ganz leicht. Unser erstes Kapitel zeigt, wie schlüssig und praktisch sie die Kapazitäten des Gehirns nutzt, stützt und entwickelt.

Schon nach Ihren ersten eigenen Übungen werden Sie sehen, wie überschaubar das Verfahren ist. Es sichert sowohl den Überblick wie auch die Details einer Aufgabenstellung und - die Krönung eines Hilfsmittels - es inspiriert.

Während einer kreativen Phase arbeitet unser Gehirn so schnell, daß wir nicht in der Lage sind, diese Gedanken, Bilder und Verknüpfungen verständlich formuliert festzuhalten. Wir denken nämlich nicht in komplexen Formulierungen, sondern in Stichworten und assoziierten Bildern.

Dieser Tatsache entspricht die Struktur von Mind-Maps. Mind-Maps sind nichts anderes als organisierte und methodisch strukturierte Schlüsselworte. Während die Bilder des Gehirns mit Hilfe einer ihrer Struktur entsprechenden Methode aufgezeichnet und gleichzeitig geordnet werden, wird das Gehirn rückwirkend stimuliert und entlastet. Zudem werden beide Gehirnhälften unentwegt in ständigem Wechsel gleichzeitig genutzt.

Gleichgültig, welche Methoden, Lösungen und Kniffe Sie entwickelt haben, um die Probleme, Pläne und Projekte Ihres Alltags anzugehen - Mind-Mapping kann Sie dabei unterstützen. Wer vorwiegend mit der linken Gehirnhälfte arbeitet, kann mit Hilfe der Mind-Maps auch seine rechte Seite entfalten und so die Fähigkeit entwickeln, das Ganze zu betrachten und den Überblick zu bewahren. Eventuell stellen sich bei einem »Linkshirner« zunächst die typischen Startschwierigkeiten ein: das Zeichnen der Ästelungen oder die Lesbarkeit der Handschrift könnten zu Anfang Probleme bereiten. Dem »Linkshirner« wird es dafür umso leichter fallen, seine Gedanken in treffenden Schlüsselworten zu formulieren.

Wer von Natur aus kreativ veranlagt ist - diejenigen also, die vorwiegend mit dem rechten Gehirn arbeiten - wird mit leichter Hand seine Striche ziehen, mit Vorliebe Farben benutzen und klare Blockbuchstaben schreiben. Beim »Rechtshirner« werden allerdings zu Anfang Schwierigkeiten hinsichtlich der Präzisierung der Gedanken und der Formulierung der Stichworte auftauchen.

Doch ungeachtet dieser möglichen Startschwierigkeiten können mit Hilfe von Mind-Mapping Schwächen des rechten und linken Gehirns ausgeglichen werden.

Denn Mind-Maps

- trainieren sowohl die rechte wie die linke Gehirnhälfte
- schärfen das Gedächtnis
- erhöhen das Konzentrationsvermögen
- verschaffen Überblick
- helfen Zeit sparen
- fördern verborgene Ideen zutage
- entwickeln Lösungen für jedes Problem
- sind grenzenlos und unendlich flexibel

DIE INNERE STRUKTUR EINES MIND-MAP

Wir sind es gewohnt, komplexe Themen schriftlich zu bearbeiten, indem wir oben links auf dem Papierbogen beginnen und unsere formulierten Gedanken in linear aneinandergereihten Sätzen aufschreiben.

Mind-Maps dagegen entstehen immer im *Mittelpunkt* des Papierbogens und breiten sich über die gesamte Fläche der Unterlage aus. Die gesamte Blattfläche wird genutzt.

Im Mittelpunkt steht immer das *Thema*. Es wird in die Mitte des Bogens geschrieben und mit einem Kreis umschlossen. Von diesem Kreis gehen Verzweigungen ab, die das Thema in seine einzelnen Bereiche gliedern und auffächern. Das ausbaufähige Grundmuster eines Mind-Map ist damit bereits angelegt. Hierbei sind keine ausformulierten Gedanken gefragt - Stichworte genügen.

STICHWORTE = SCHLÜSSELWORTE

Schlüsselwort ist die geläufige Bezeichnung für ein Stichwort des Mind-Map. Jedes an einem der Äste plazierte Schlüsselwort ist der Aufhänger für einen Gedanken oder Gedankenkomplex. So wie einem Schauspieler, der in seinem Text steckengeblieben ist, meist ein einziges Stichwort genügt, um sich an den gesamten Text wieder erinnern zu können, so reicht ein Schlüsselwort aus, um den damit verbundenen Gedanken wiederzuerkennen. Mit Hilfe eines derartigen Schlüssels kann der gleiche Gedanke beliebig oft »aufgeschlossen« und aktiviert werden.

In der Regel kommen Mind-Maps mit einfachen Substantiven aus.

Unser Gehirn assoziiert jedes Substantiv spontan und unmittelbar mit ganz bestimmten Gedankenbildern. Sie spiegeln jene Assoziationen wider, die wir zu dem jeweiligen Wort gespeichert haben. Ob ein einzelnes Wort als Gedankenstütze ausreicht, hängt von der Anzahl der Gedanken ab, die ausgelöst werden. Wie genau die durch ein Schlüsselwort hervorgerufene Erinnerung ist, hängt wiederum davon ab, wie abstrakt oder konkret das jeweilige Schlüsselwort ist.

Darüber hinaus dient das Schlüsselwort als Zugang zu Schlüsselworten anderer Verästelungen. Die Verästelungen selbst stützen die Orientierung in den Gedankengängen. Sie sind punktuell und komplex zugleich. Das heißt, Sie behalten auch bei der Beschäftigung mit einem Detail immer den Gesamtüberblick. Der Gesamtüberblick - mehr eine Angelegenheit für das rechte Gehirn - ist notwendig, um den Sinngehalt einer bestimmten Information erfassen zu können. Eine sinnvoll einzuordnende Information wiederum wird leichter behalten, also schneller und intensiver gelernt.

EIN KREIS, HAUPTÄSTE, ZWEIGE UND NEBENZWEIGE

Auf den Seiten 5 und 7 finden Sie erste Beispiele: In der Mitte steht das von einem *Kreis* umschlossene Thema. Hiervon ausgehend weisen rote Äste in alle Richtungen. Das sind die *Hauptäste*, durch die das Thema untergliedert wird. Von jedem Hauptast gehen *Zweige* ab (in den ersten Beispielen sind sie blau coloriert), die sich wiederum in weitere *Nebenzweige* verästeln können.

Die Länge der Äste hängt von der jeweiligen Themenstellung ab. Ein harmonisches Bild ergibt sich dann, wenn kein Ast länger ist als sein dazugehöriges Schlüsselwort. Besser ist es, einen Ast nachträglich auf die Gesamtlänge eines Schlüsselwortes zu verlängern als zu große Freiräume einzuplanen.

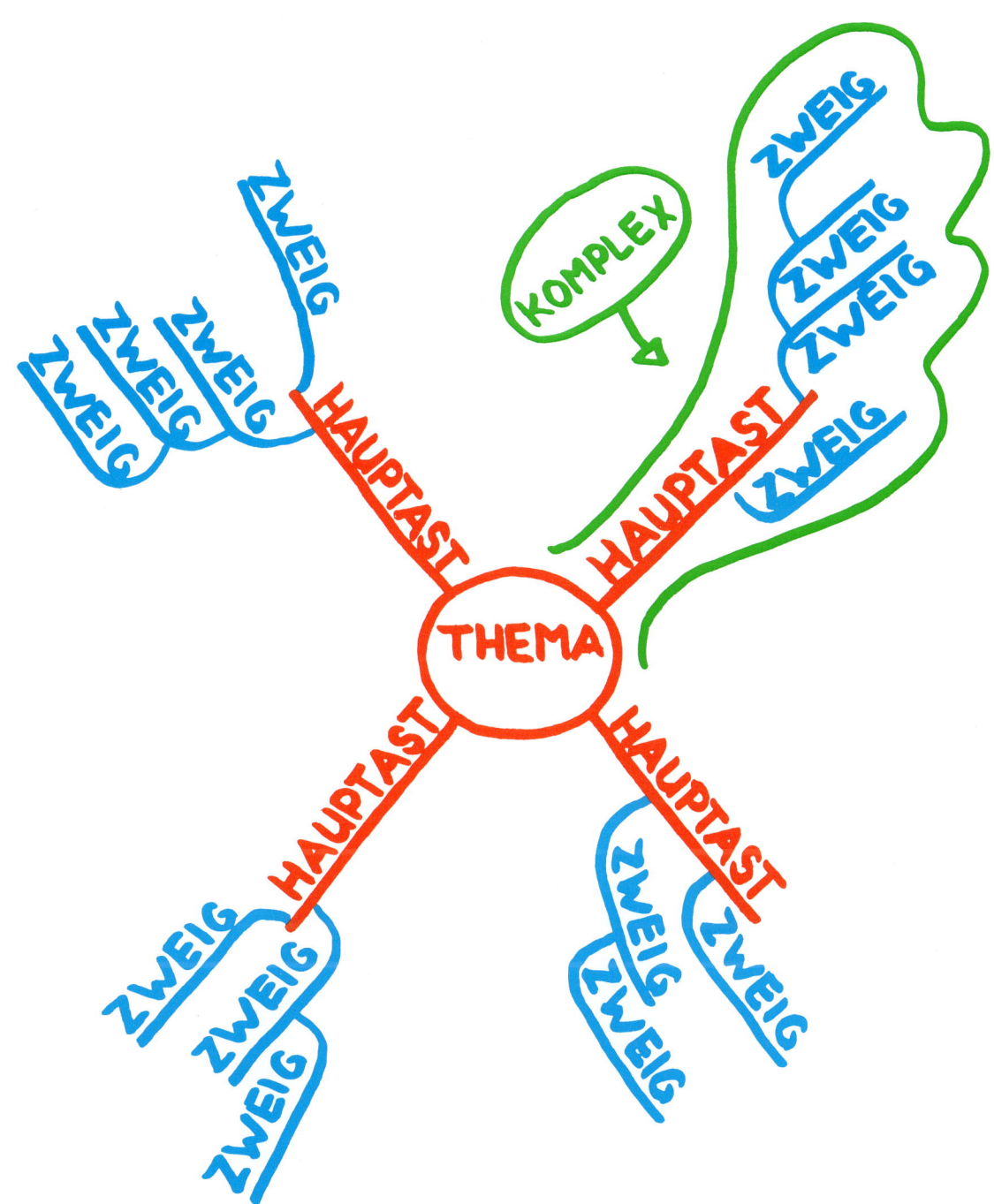

KOMPLEXE

Unser Muster besteht nun aus dem Themen-
kreis und seinen abzweigenden Hauptästen,
Zweigen und Nebenzweigen.

Jeder Hauptast mit seinen Zweigen und
Nebenzweigen wird im Mind-Map als
Komplex bezeichnet.

Die Struktur eines Mind-Maps erinnert an
einen Baum von oben aus gesehen. Der
Stamm bildet den Mittelpunkt, von dem aus
die Haupt- und Nebenäste in alle Richtungen
abzweigen und Blätter treiben.

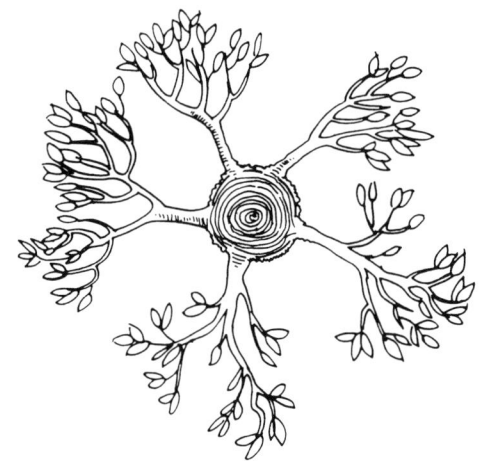

ORDNUNG - JA ODER NEIN ?

Sie können sich immer wieder neu
entscheiden, ob Sie Ihrem Mind-Map eine
bestimmte Ordnung geben wollen oder nicht.
Bei kreativen Aufgaben kann das Streben
nach einer Ordnung im ersten Stadium der
Ideenfindung eher hinderlich sein. Zeichnen
Sie dann alles ganz schnell so auf, wie es
Ihnen einfällt und stellen Sie die
Verbindungen einfach so her, wie Ihre
Assoziationskette verläuft.

Beim Planen, beim Lernen und überall dort,
wo ein strukturiertes Vorgehen sinnvoll ist,
können Sie sich an folgendes Prinzip halten:

INNERE ORDNUNG : VOM ABSTRAKTEN ZUM KONKRETEN - VOM ALLGEMEINEN ZUM SPEZIELLEN

Alle Substantive, die ins Mind-Map eingehen,
können danach sortiert werden, wie abstrakt
beziehungsweise wie konkret sie belegt sind.
Ein Beispiel:

TRANSPORTMITTEL ist ein abstrakter Begriff,
der nicht ohne weitere Konkretisierungen
auskommt. Ohne nähere Bestimmung ruft
dieser Begriff kein klares Gedankenbild
hervor. Es werden also weitere Substantive
benötigt, um ein konkretes Transportmittel zu
visualisieren. Daher muß entschieden werden, wie konkret unser Gedankenbild
schließlich werden soll. In abstrakten Zusammenhängen reicht das Schlüsselwort »Transportmittel« aus. Doch was assoziiert Ihr
Gehirn bei dem Begriff »Auto« ? Haben Sie
irgendein Vehikel vor Augen - oder das
konkrete Bild des weißen Volvo Ihres
Nachbarn? So kann eine Rangordnung
aussehen:

allgemein	Transportmittel
	Fahrzeuge
	Kraftfahrzeuge
	Personenwagen
	Volvo
speziell	Volvo145
	der weiße Volvo 145 unseres Nachbarn

Als Mind-Map sieht das so aus:

*Unser Thema - »TRANSPORTMITTEL« - steht
in der Mitte des Blattes. Es ist eingekreist. Der
HAUPTAST ist mit »FAHRZEUGE« bezeichnet.
Die ZWEIGE tragen die konkreten Begriffe,
die bis zum »WEISSen VOLVO 145« des
»NACHBARN« führen. Die nächsten Schritte
folgen auf Seite 9.*

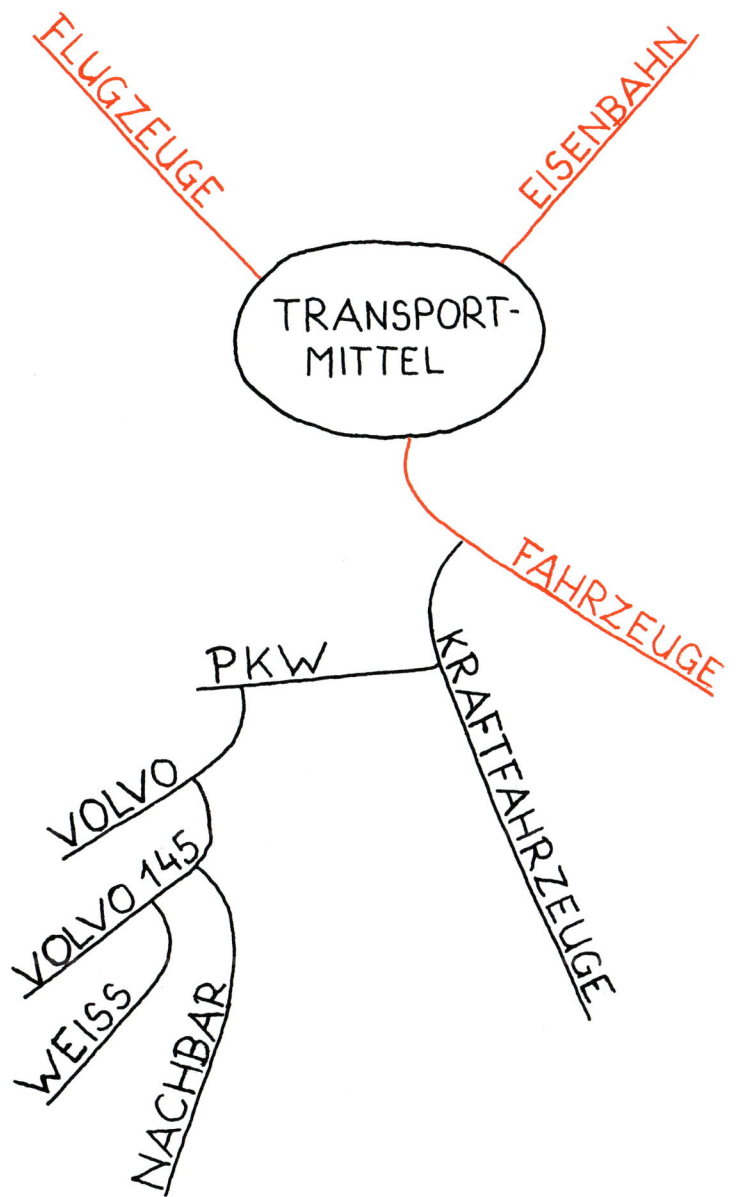

GRUNDREGELN

1. NUR SUBSTANTIVE

Zu Beginn sollen möglichst nur Substantive verwendet werden. Prägnant zu formulieren, ist lediglich eine Frage der Übung. Eine pointierte Bezeichnung spart Zeit und Platz - und fördert das kreative Denken. Wenn ein Schlüsselwort mit einer Anschrift oder einem Termin verbunden ist, kann es sinnvoll sein, von dieser Grundregel abzuweichen und diese Details gleich mit festzuhalten.

2. BLOCKBUCHSTABEN

Eine weitere Regel lautet: BLOCKBUCH-STABEN schreiben. Bei der praktischen Arbeit mit dem Mind-Map kann der Bogen verdreht auf dem Tisch liegen. Auch dann sollten noch alle Begriffe übersichtlich und leicht zu lesen sein. Wer erst lange seine eigenen Schriftzeichen entziffern muß, wird schnell den Überblick über die Inhalte verlieren.

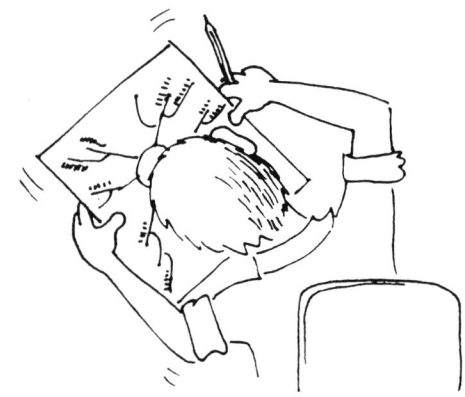

3. EIN WORT ZUR AUSRÜSTUNG

Ganz gewiß ist Mind-Mapping keine kosten-aufwendige Methode. Das wertvollste erforderliche Instrument, Ihren Kopf, haben Sie umsonst. Außerdem brauchen Sie nur noch Papier, Bleistift und Radiergummi. Der Papierbogen muß einfach sein, ohne Linien, ohne Karos. Seine Größe hängt vom zu erwartenden Umfang des Mind-Map ab. Sollte sich während der Arbeit herausstellen, daß der Bogen nicht ausreicht, können Sie einfach einen zweiten ankleben.

Grenzen nach oben gibt es nicht - abgesehen davon, daß Ihr Mind-Map überschaubar bleiben sollte. Zu überdimensionierten Mind-Maps auf Pappkartons, Tapeten, auf einer Betonwand oder gar auf einem Bretterzaun kommen wir im dritten Kapitel. Zu Beginn arbeiten Sie am besten mit überschaubaren Formaten (z.B. DIN A3). Später können Sie auch mit Farben experimentieren.

Doch zurück zu unserem Beispiel, das wir mit weiteren Verästelungen ausbauen. Den Hauptast »EISENBAHN« untergliedern wir mit den Zweigen« »S-BAHN«, »D-ZUG« und »NOSTALGIEZUG«. Die Hauptäste »FLUG-ZEUGE« und »FAHRZEUGE« werden ebenfalls durch Zweige erweitert und der Zweig »PKW« wird durch weitere Automarken ergänzt.

Auf diese Weise kann beliebig weiter unterteilt, hinzugefügt und verästelt werden. Es spielt keine Rolle, in welcher Reihenfolge die Begriffe in den Sinn kommen. Der Blick wandert ständig über das Papier, das Vorstellungsvermögen wird inspiriert und alle Assoziationen werden an der richtigen Stelle plaziert. Einmal könnte die S-Bahn in die einzelnen Linien einer Großstadt unterteilt werden, zum anderen könnte auffallen, daß der Hauptast »SCHIFFE« noch fehlt.

Sobald Sie ein neues Schlüsselwort in das Mind-Map eingebaut und damit abgelegt haben, ist Ihre Vorstellungskraft offen für neue Einfälle. Die ganze Kunst besteht darin, daß Sie Ihre Einfälle in die richtigen Begriffe kleiden und im passenden Sinnzu-sammenhang plazieren.

Noch einmal: Je weiter sich die Veräste-lungen vom Mittelkreis entfernen, desto mehr entwickelt sich die Begriffswelt – und damit der Charakter der Schlüsselwörter – vom Allgemeinen zum Speziellen.

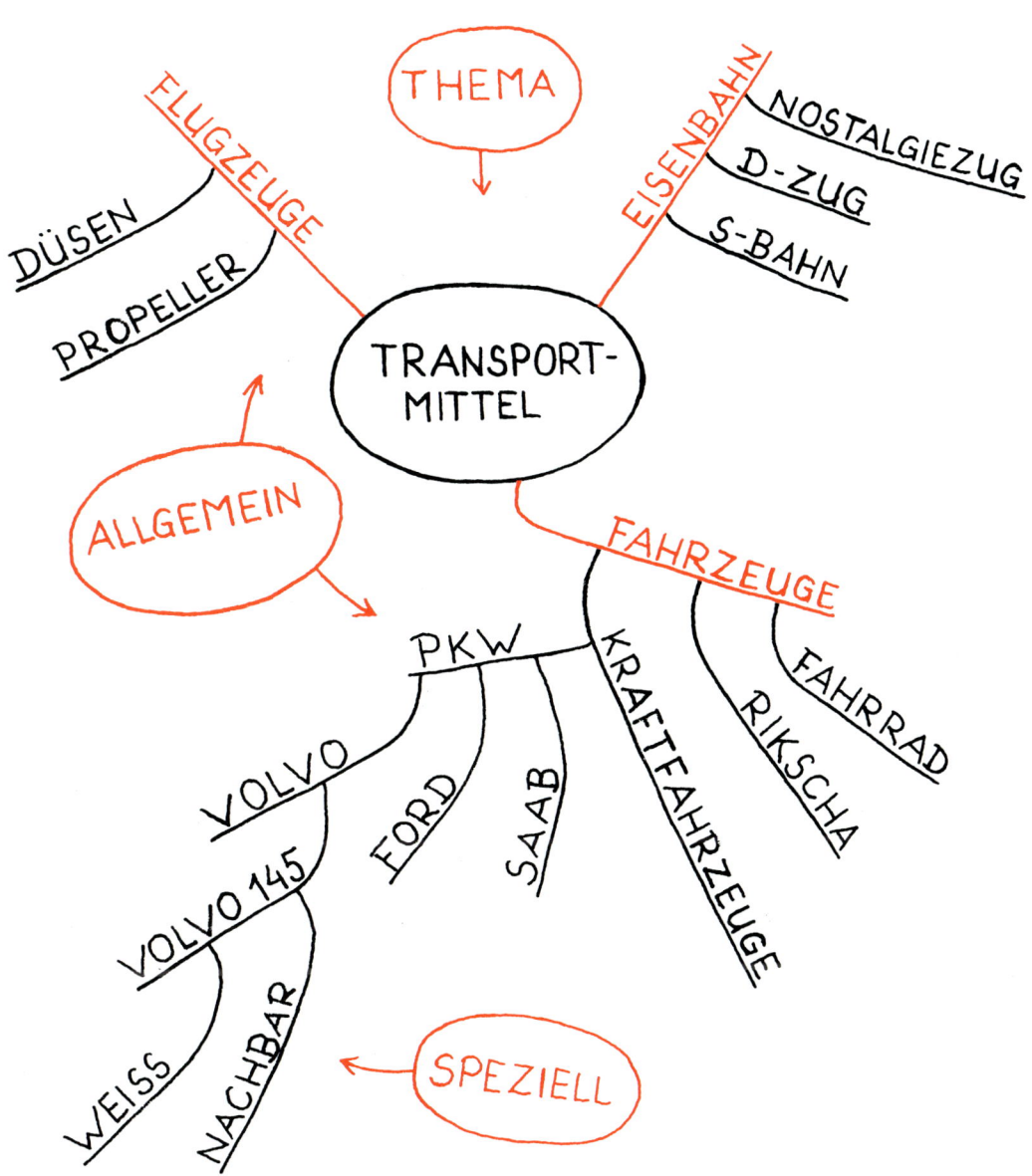

4. KORREKTUREN

Kein Mind-Map wird auf Anhieb perfekt ausfallen. Berichtigungen und Kurskorrekturen gehören zum schöpferischen Prozess.

Sie können Korrekturflüssigkeit verwenden, große Flächen überkleben oder das Mind-Map ganz neu gestalten.

Wenn sich die Nebenverästelungen am Papierrand verwirren, werden die Hauptäste zur besseren Übersicht eingekreist.

Beansprucht ein einzelner Komplex verhältnismäßig viel Platz, sollten Sie besser von vorn beginnen und Ihr Thema neu definieren. Vielleicht läßt sich das Thema genauer fassen oder sogar durch das Schlüsselwort des »überlasteten« Hauptastes ersetzen.

5. SYMBOLE UND BILDER

Wenn Sie Ihr Gefühl für Mind-Mapping einmal entdeckt und entwickelt haben, macht es Spaß, damit zu experimentieren und die Methode zu verfeinern.

Überall dort, wo die Verästelungs-Struktur freien Platz läßt, können Symbole für gezielte Hinweise eingesetzt werden. Sie können gängige Zeichen wählen - oder Ihrer Phantasie freien Spielraum lassen. Dabei ist es sinnvoll, die Hinweissymbole farblich gegenüber den anderen Linien und Buchstaben abzusetzen.

Schon bald wird es Ihnen Spaß machen, Ihr Mind-Map durch Zeichnungen und Bilder zu ergänzen. Tony Buzan schlägt zum Beispiel vor, insbesondere das Thema im Zentrum immer als Bild darzustellen.

Einige Beispiele:

Hinweise und Symbole können auch so gestaltet werden, daß sie mehrfach verwendbar und austauschbar sind. Zum Beispiel aufklebbare Streifen, Punkte und Rechtecke in verschiedenen Farben. Denn auch Farben haben symbolischen Charakter. Rot kann beispielsweise für »Gefahr« stehen und Lila für »letzte Frist«.

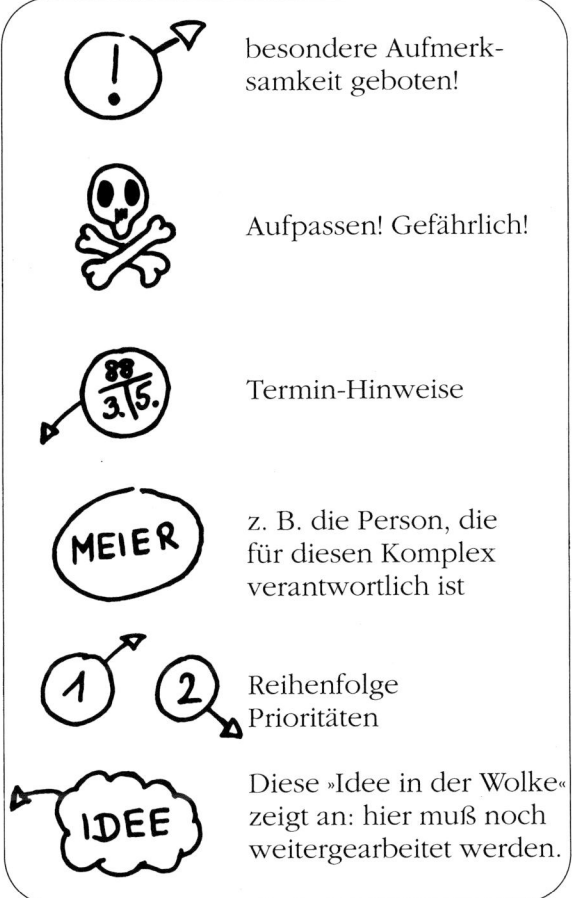

!	besondere Aufmerksamkeit geboten!
☠	Aufpassen! Gefährlich!
3.5.	Termin-Hinweise
MEIER	z. B. die Person, die für diesen Komplex verantwortlich ist
1 2	Reihenfolge Prioritäten
IDEE	Diese »Idee in der Wolke« zeigt an: hier muß noch weitergearbeitet werden.

Bestimmt ahnen Sie jetzt schon, wie genial das Mind-Mapping ist. Mind-Mapping befreit, denn die Schlüsselworte entlasten die linke Gehirnhälfte von der Suche nach langen Sätzen. Und Mind-Mapping inspiriert. Immer neue Einfälle werden aufgenommen und sinnvoll plaziert, bis alle im flexiblen Muster untergebracht sind.

Wenn Sie Ihr Mind-Mapping zwischendurch unterbrechen müssen – kein Problem. Die festgehaltenen Hauptäste und Schlüsselworte ermöglichen jederzeit schnell einen neuen Einstieg.

Ihr Gedächtnis kann sich grundsätzlich an all das besser erinnern, was Sie schon einmal geschrieben oder gelesen haben. Zudem arbeitet Ihr Gehirn selbstständig an unfertigen Mind-Maps weiter, denn in Ihrem Unterbewußtsein wird die Struktur des Mind-Maps gespeichert und nach Ihrem offiziellen »Abschalten« weiter bearbeitet.

MIND-MAPS SIND SCHNELL GEMACHT

Das Mind-Map gewährt Ihnen immer eine ganzheitliche Sichtweise auf Ihre Planung oder Problemlösung. Es gibt keine halbschattigen Ecken im Bewußtsein und keine komplizierte Hierarchie, die zum Zurückblättern zwingt. Auf ein und demselben Bogen können Sie gedanklich hin und her springen, ohne das Gesamtbild zu verlieren.

Wenn es irgendwo im Geäst nicht weitergeht oder Ihre Einfälle ins Stocken geraten, dann sollten Sie zunächst an einer anderen Stelle weiterarbeiten. Der kreative Prozeß muß nicht unterbrochen werden.

Trainierte Mind-Mapper lassen sich nicht durch festgefahrene Aufgabenstellungen blockieren und von der eigentlichen Lösung ablenken.

Mind-Mapping ist Arbeit und Spiel zugleich. Es ist methodisch so einfach und folgerichtig, daß Sie selbst es schon längst erfunden haben könnten.

ÜBUNG MACHT DEN MEISTER

Übungsgelegenheiten bieten sich täglich in Hülle und Fülle. Sie werden feststellen, daß die Wahl der Schlüsselworte und die Verästelungs-Strukturen individuell sehr unterschiedlich ausfallen. Ebenso wie die Handschrift spiegelt auch das Mind-Map die Individualität jedes Menschen wieder.

Auch wenn Sie das Grundprinzip des Mind-Mapping bereits erfaßt haben, sollten Sie zumindest einige der Übungen dieses Buches gründlich durcharbeiten. Das hilft Ihnen leichter über die Hürden des Anfangs hinweg.

Nutzen Sie die Möglichkeiten, Ihre ersten eigenen Mind-Maps gleich auf den vorgesehenen freien Seiten dieses Buches auszuprobieren. Der Zauber der Methode erschließt sich noch nicht beim Lesen sondern erst durch eigenes aktives Mind-Mapping.

Damit Sie einen Hinweis im Erläuterungstext schneller dem entsprechenden Element des jeweiligen Mind-Map zuordnen können, haben wir die Mind-Map Strukturen gedanklich auf das Ziffernblatt einer Uhr übertragen. Überall dort, wo die Text-erläuterungen *kursiv* gedruckt sind, finden sich Hinweis-Ziffern von 1 bis 12, um auf das jeweilige Mind-Map-»Gebiet« zu verweisen. Die Zeitangabe *»5 Uhr«* bedeutet beispiels-weise, daß der mit dem Text korrespon-dierende Komplex im dazugehörigen Mind-Map *unten rechts* zu finden ist.

Das erste Kapitel schließt mit einem praktischen Beispiel. Um den gesamten Entstehungsprozeß anschaulich zu machen, haben wir seine Entwicklung in mehrere Etappen gegliedert.

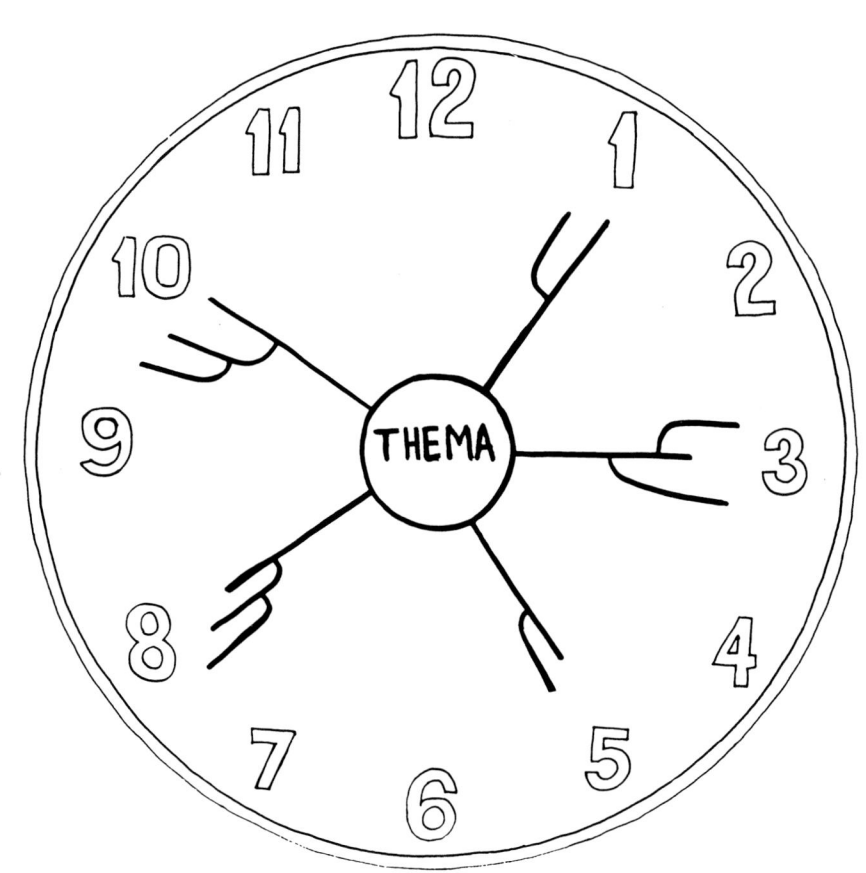

Ideen für Ihren persönlichen Einsatz von Mind-Maps

EINE REISE NACH HAMBURG

Wer Hamburg in ein paar Tagen kennen-
lernen will, muß sich gut organisieren, denn
Ausflugsziele bieten sich mehr als genug.

Noch wichtiger wird das, wenn Sie mit Ihrer
ganzen Familie reisen wollen und die
unterschiedlichsten Wünsche und Meinungen aufeinandertreffen. Mind-Mapping ist
ideal, um in einer Gruppe alle Interessen
festzuhalten und jedem nach Möglichkeit
gerecht zu werden.

Kreisen Sie in der Mitte Ihres Mind-Map das
Thema ein: HAMBURG.

Nun geht es an die ersten Hauptäste. Um die
richtigen Schlüsselworte zu finden, halten
wir uns an den Grundsatz »vom Generellen
zum Konkreten«.

Wir beginnen mit den Hauptästen MUSEEN,
KONZERTE, RESTAURANTS, KINOS und
AUSSTELLUNGEN. Nach Bedarf können neue
Hauptäste hinzukommen.

Die Anwendung verschiedener Farben erscheint Ihnen vielleicht zunächst umständ-
lich. Aber sie erleichtern den Überblick, sti-
mulierten Ihre Kreativität und Ihr Gedächtnis.

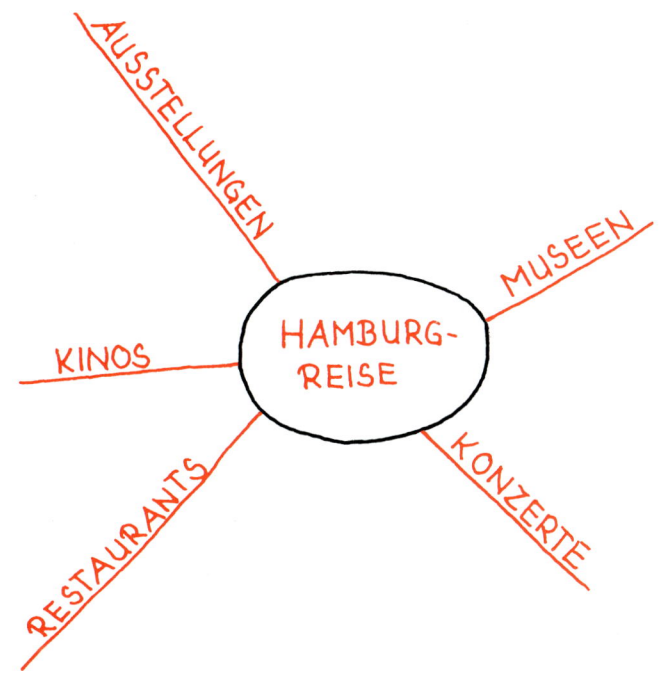

Wenn der Anfang eines Mind-Map gemacht ist, überschlagen sich die Einfälle. Bringen Sie sie möglichst schnell zu Papier!

Unser Mind-Map zeigt die abstrakten Schlüsselworte in roter Farbe auf roten Hauptästen. Auf den blauen Zweigen stehen die einzelnen (konkreten) Besuchsziele. Die grünen Unterzweige geben Auskunft über die Anschrift und darüber, was es dort zu sehen, zu hören und zu erleben gibt. Die roten Unterzweige vermelden schließlich Öffnungs- und Anfangszeiten.

Wie die Farben im Einzelfall verwendet werden, ist nicht entscheidend. Wichtig ist, daß sie konsequent eingesetzt werden und nicht auf verschiedenen Verästelungsstufen unterschiedlich.

Nachdem die Nebenzweige komplett beschriftet sind, werden weitere angefügt, zu denen noch keine Informationen vorliegen. Zum Beispiel für das »Altonaer Museum«, dessen Adresse wir noch nicht kennen. Ein solcher Nebenzweig erübrigt sich, wenn wir die Adresse - wie beim »Metropolis«-Kino - bereits kennen.

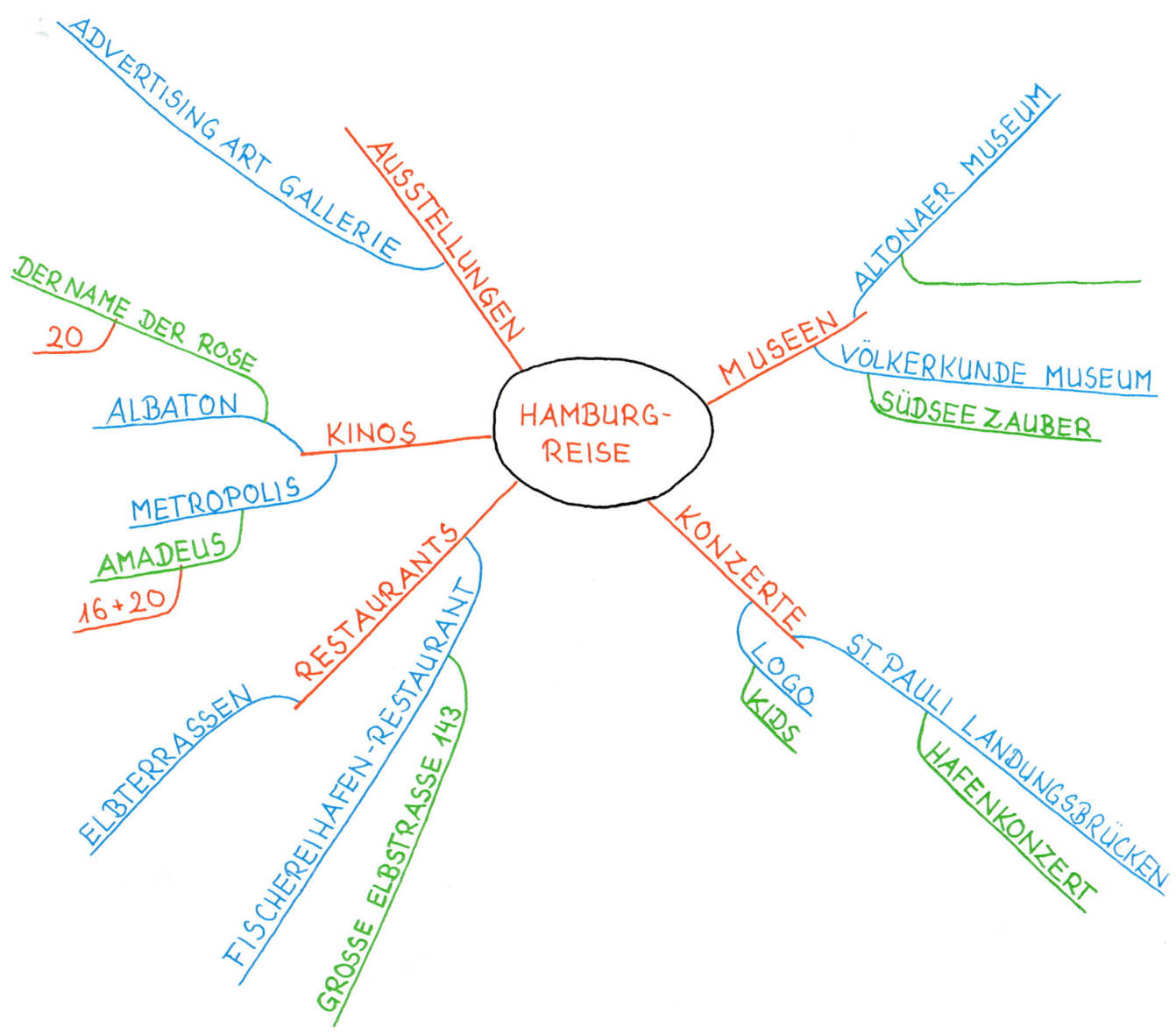

Inzwischen füllt sich das Mind-Map. Die vom Hauptast RESTAURANTS angezeigten Lokale (7 Uhr) werden durch weitere Zweige mit Anschriften und Öffnungszeiten ergänzt. Fehlende Angaben - in unserem Beispiel KONZERTE (5 Uhr) - werden später eingefügt.

Dem Hauptast AUSSTELLUNGEN wurde zusätzlich eine Ankündigung der KUNSTHALLE mit Öffnungszeiten zugefügt.

Der Vorschlag, auch Rundfahrten zu unternehmen, könnte auf dem neu gezeichneten Hauptast SIGHTSEEING untergebracht werden. Für den ersten Zweig HAFEN-RUNDFAHRT müssen Karten bestellt und Preise erfragt werden. Darauf macht ein kleiner Kreis mit Fragezeichen aufmerksam. Er erinnert uns daran, die Abfahrten zu erfragen. Wenn Sie die zusätzlichen Hinweise und Zeichen sinnvollerweise mit Bleistift eintragen, können Sie, sobald das entsprechende Detail geklärt ist, mit einem Radiergummi Platz für neue Äste schaffen.

Obgleich unser Mind-Map bereits viele Einfälle und Vorschläge enthält, erkennen Sie auf einen Blick, wo noch etwas fehlt oder vorbereitet werden muß.

Text zu Seite 21:

Die Planungsphase ist noch nicht abgeschlossen. Während immer neue Anregungen gesammelt werden, können gleichzeitig fehlende Daten und Angaben ergänzt werden.

So fehlt zum Beispiel noch die Öffungszeit der »Advertising Gallery«. Ein Fragezeichen weist auf diesen Mangel hin. Ulla will sich darum kümmern.

Beim Blick in die Zeitung zeigt sich, daß die Ausstellung in der Kunsthalle bereits am 17. 7. endet. Auch diese Information wird gleich auf einem Nebenast festgehalten (11 Uhr).

Unter SIGHTSEEING/ST. PAULI LANDUNGS-BRÜCKEN wird ein weiterer Unterzweig angebracht: Ein HAFENKONZERT bei den Landungsbrücken (12 Uhr). Gleichzeitig muß dieser Hinweis natürlich unter KONZERTE (5 Uhr) entfernt werden. Eine wellenförmige Umrahmung und Schraffierung kennzeichnet die Streichung.

Dann taucht der Vorschlag auf, auch Lübeck und Cuxhaven zu besuchen. Also muß ein entsprechender Hauptast eingerichtet werden. Das Stichwort könnte NACHBARSTÄDTE heißen - oder noch genereller: UMGEBUNG.

Auf dem MUSEUMS-Ast ist ein FREI-LICHTMUSEUM hinzugekommen (3 Uhr), auf dem KONZERT-Ast ein ORGELKONZERT in St. Michaelis.

Text zu Seite 22:

Jetzt sind alle Wünsche und Anregungen erfaßt und die nähere Auswahl beginnt. Alle Ideen, die wegfallen, werden umrahmt und schraffiert. Die verbliebenen Ausflugsziele können durch Numerierung in eine Reihenfolge gebracht oder nach Priorität geordnet werden. Man kann aber auch nach den Wochentagen und gemäß Öffnungszeiten vorgehen - oder ganz nach Lust und Laune.

Wenn der Familie unterwegs weitere Ideen kommen: das Mind-Map bleibt jederzeit flexibel und offen für Veränderungen. Gleichzeitig macht es deutlich, daß nicht beliebig viel Ausflugsziele hinzukommen können und daß Auswahlentscheidungen nötig sind.

Nun kann es losgehen: Viel Spaß in Hamburg!

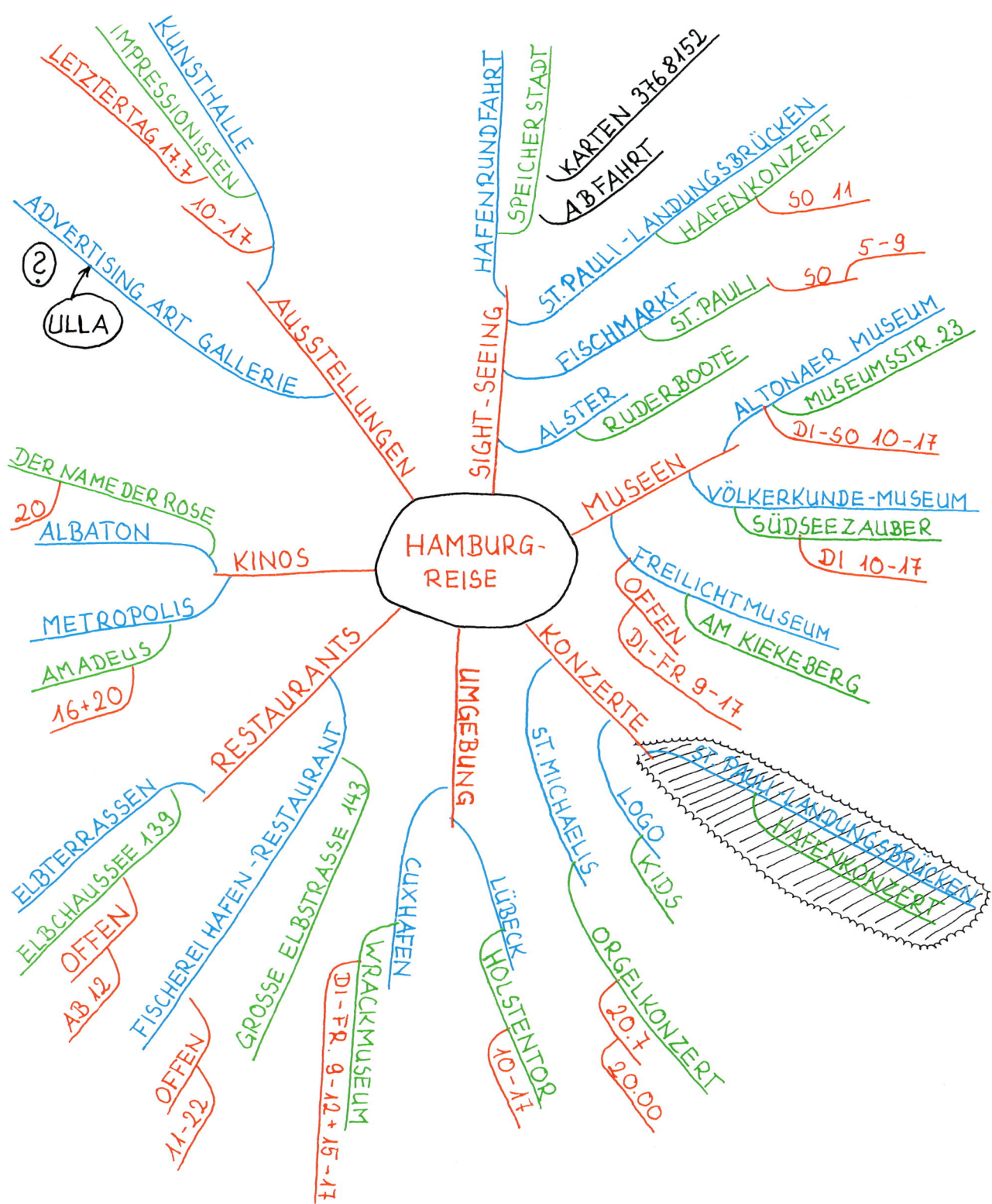

KUNSTHALLE
IMPRESSIONISTEN
LETZTERTAG 17.7
10 - 17

ADVERTISING ART GALLERIE
② ULLA

AUSSTELLUNGEN

HAFENRUNDFAHRT
SPEICHERSTADT
KARTEN 376 8152
ABFAHRT

ST. PAULI - LANDUNGSBRÜCKEN HAFENKONZERT
SO 11

SIGHT - SEEING

FISCHMARKT ST. PAULI
SO 5 - 9

ALSTER RUDERBOOTE

ALTONAER MUSEUM
MUSEUMSSTR. 23
DI - SO 10 - 17

MUSEEN

VÖLKERKUNDE - MUSEUM
SÜDSEE ZAUBER
DI 10 - 17

FREILICHT MUSEUM
OFFEN AM KIEKEBERG
DI - FR 9 - 17

DER NAME DER ROSE
20
ALBATON

KINOS

METROPOLIS
AMADEUS
16 + 20

HAMBURG-
REISE

KONZERTE

ST. PAULI LANDUNGSBRÜCKEN
HAFENKONZERT

ST. MICHAELIS
LOGO KIDS
ORGELKONZERT 20.7
20.00

RESTAURANTS

UMGEBUNG

ELBTERRASSEN
ELBCHAUSSEE 139
OFFEN
AB 12

FISCHEREI HAFEN - RESTAURANT
GROSSE ELBSTRASSE 143
OFFEN
11 - 22

CUXHAFEN
WRACKMUSEUM
DI - FR. 9 - 12 + 15 - 17

LÜBECK
HOLSTENTOR
10 - 17

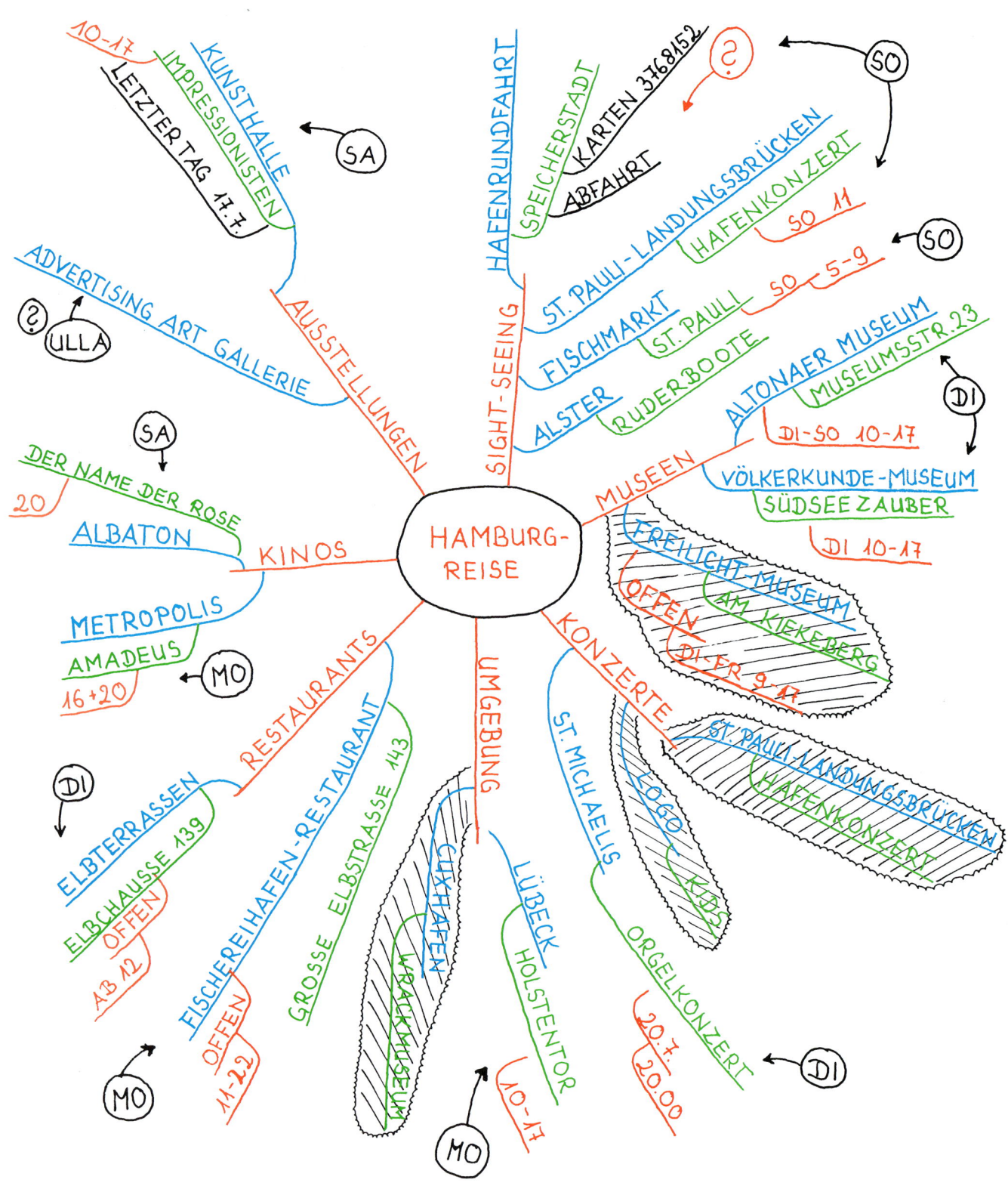

Kapitel 2

DIE ANWENDUNG VON MIND-MAPS

Dieses Kapitel enthält verschiedene Anwendungsbeispiele, die Sie schnell auf Ihren Alltag übertragen können. Probieren Sie es gleich aus. Doch zuvor: Welche Einsatzmöglichkeiten können Sie schon jetzt für sich selbst ausmachen?

Vielleicht machen sie dazu gleich Ihr eigenes Mind-Map auf der nächsten Seite?

Platz für Ihr eigenes Mind-Map

PLÄNE UND PLANUNGEN

In jedem Jahr gehen Tausende von Planungs-
kalendern über den Ladentisch, überall
werden Planungskurse mit verschiedenen
Planungstechniken angeboten. Der Bedarf
auf diesem Sektor scheint enorm zu sein.

Warum machen wir uns Pläne?

Jeder hat Wünsche, die nicht erfüllt sind, ist
unzufrieden mit Dingen in seinem Leben, die
er ändern möchte oder hat Träume und
Vorstellungen, die er realisieren will. Damit
aus Gedanken Taten werden und Ideen sich
in Wirklichkeit umwandeln, setzen die Menschen sich Ziele, schreiben sich Vorhaben
auf, malen und zeichnen, was sein soll.

Oft werden mehrere Ziele gleichzeitig
verfolgt, manchmal sogar zu viele. Mit der
richtigen Planung - im privaten ebenso wie
im beruflichen Bereich - können Sie viel Zeit
und Energie sparen, indem Sie abwägen, was
Sie wirklich realisieren wollen. Planung ist die
gedankliche Vorwegnahme des Weges zum
Ziel.

Was geschieht, wenn man *nicht* plant, haben
Sie sicher auch schon erlebt: Völlig unvor-
bereitet finden Sie sich in einer schwierigen
Situation wieder. Obwohl Sie versuchen
einzugreifen, folgt das Geschehen seiner
eigenen Dynamik. Der Überblick geht Ihnen
verloren, das Mißlingen scheint nicht mehr
abwendbar zu sein. Zeit- und Erfolgsdruck
steigen. Prompt übersehen Sie etwas Ent-
scheidendes und müssen jetzt Ihre ganze
Energie, die Sie an anderer Stelle sicher
sinnvoller hätten einsetzen können, auf die
Behebung einer Folgesituation konzentrieren.

Mit anderen Worten: Sie verausgaben Ihre
Gehirnkapazitäten am falschen Schauplatz.
Ängste, Unsicherheiten und Vertuschungs-
manöver haben den entspannten und ziel-
bewußten Gebrauch Ihrer rechten und linken
Gehirnhälften blockiert.

Planung ist wichtig, damit Sie Ihre Energie
nicht kopflos vergeuden. Und mit der richtigen Methode ist Planung ein aufregender,
spannender Prozeß. Denn niemals sind zwei
Planungssituationen identisch. In jedem Einzelfall handeln wir unserer Erfahrung und
unserem Wissen entsprechend. Unsere Gedanken sind jeweils mit spezifischen Empfin-
dungen und Vorstellungen gekoppelt. Diese
geben uns eine Ahnung davon, was richtig
wäre, um ein Ziel in gewünschter Weise zu
erreichen.

Unsere Alltagsziele können oft schon mit
Hilfe des Gedächtnisses oder wenigen Stichworten im Kalender erreicht werden. Doch
für die Koordination von komplexeren Zielen
ist die Zuhilfenahme von Papier und Stift
unumgänglich. Wir halten die Punkte der
Reihenfolge nach fest. Was abgehakt ist,
schafft Platz für den nächsten Aspekt.

Wie sehen unsere Notizen aus?

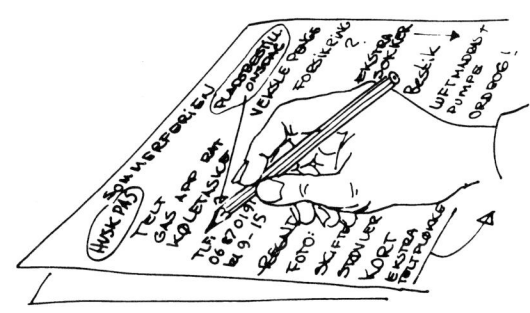

Eine Menge Stichwörter sind aufgelistet.
Wenn wir alles einfach hintereinander aufschreiben, haben wir zumindest alles festgehalten. Allerdings ist dies nicht gerade
übersichtlich. Es ist außerdem nicht leicht, mit
dem vorhandenen Papier auszukommen.
Schließlich soll alles, was uns in den Sinn
kommt, festgehalten werden.

Darüberhinaus sollte es ja nicht bei der
bloßen Notiz bleiben. Für eine erfolgreiche
Planung sind Übersicht und Systematik der
Gedanken gleichermaßen von Bedeutung.

Wir schlagen nach, holen Informationen ein und »experimentieren« uns in eine Situation hinein.

Wie konkret bezieht sich die Notiz eines Details auf die konkrete Situation? Inwieweit können wir uns an unsere einzelnen Notizen halten?

Viele Planungssituationen werden durch vorgedruckte Schemata und Systeme erleichtert. Doch der vorgegebene Platz dieser Schemata reicht in der einen Situation nicht aus, während in der anderen ganze Rubriken ungenutzt bleiben. Gedanken folgen immer ihrer eigenen Systematik. Beginnen wir beispielsweise auf liniertem Papier oben links mit einer Notiz, kann sich schnell eine falsche Hierarchie der Themen einstellen. Nicht immer entspricht die Reihenfolge oben links bis unten rechts der inneren Systematik der Gedanken. Der Weg zu einem Ziel ist ein flexibler Prozeß. Immer wieder tauchen wichtige Aspekte auf, die anfangs nicht berücksichtigt wurden. Wie oft müssen Notizen mehrmals umgeschrieben, gestrichen, neu sortiert und nochmals umgeschrieben werden. So stößt man mit den herkömmlichen Planungsmethoden immer schnell an gewisse Grenzen. Sie sind viel zu unflexibel und oft auch viel zu aufwendig.

Demgegenüber bieten Mind-Maps den grossen Vorteil, bei großer Übersichtlichkeit eine Fülle von Informationen in ihren strukturierten Zusammenhängen festzuhalten. Die Methode läßt sich für jede Art von Aufgabe an die jeweiligen Besonderheiten anpassen. Speziell komplexe Pläne und Planungen im Entwicklungsstadium können durch Mind-Mapping optimal aufgebaut und weitergestaltet werden.

Zudem prägt sich unser Gehirn ein Mind-Map sehr viel besser ein als herkömmliche Listen. Sie sehen auf den ersten Blick vielleicht etwas chaotisch aus. Wenn Sie aber erst selbst einmal die innere Struktur eines Mind-Maps

aufgezeichnet haben, werden Sie sofort Zugang zu allen anderen haben

Die beste Übungsmöglichkeit für den Anfang sind kleine alltägliche Erledigungen, wie z.B. der Einkauf für das Wochenende. Nehmen Sie als Hauptäste die Geschäfte, in denen Sie einkaufen wollen. Der Rest ergibt sich wie von selbst. Vergleichen Sie Ihre Erfahrungen mit den früher benutzten Notizzetteln. Sie werden feststellen, wieviel leichter, entspannter und systematischer das Mind-Mapping von der Hand geht als das Aufreihen unsortierter Kolonnen und Einzelposten.

Zum Abschluß des Kapitels drei Mind-Map-Beispiele, die Sie auf ähnliche Vorhaben im Familien- und Berufsleben übertragen können. Sie sind für die Zweckes dieses Buches aufgezeichnet worden und daher von Umfang und Inhalt eher auf Übersichtlichkeit als auf Vollständigkeit angelegt.

URLAUBSPLANUNG (1. Beispiel)

Wer kennt das nicht: der Urlaub steht vor der Tür und nichts ist noch nicht einmal halbfertig ...
Bloß nichts vergessen!
Ist der Wagen in Ordnung, sind die Pässe gültig, müssen irgendwelche Plätze vorbestellt werden? Die Liste läßt sich nach Belieben fortsetzen. Insbesondere da, wo eine ganze Familie aufbricht, überstürzen sich die Vorbereitungen zumeist entnervend.

Unser Mind-Map-Beispiel in diesem Falle handelt von einem Ehepaar Karl und Karla, die zum Skiurlaub in die französischen Alpen fahren wollen. Karl und Karla sammeln gemeinsam alle Besorgungen und Einkäufe, die ihnen noch bevorstehen, bevor es losgehen kann. Gleichzeitig teilen sie die Aufgaben unter sich auf.

Je zügiger nun das Mind-Mapping vorankommt, desto mehr Ruhe und Raum ist für Vergessenes und für Vorfreuden.

WEIHNACHTEN STEHT VOR DER TÜR
(2. Beispiel)

Weihnachtszeit - Hektik-Zeit, wer wüßte das nicht! Geschenke, Familientreffen, Geschenke, Weihnachtsgrüße und nochmal Geschenke.

Im Handumdrehen ist das alles auf einem Mind-Map erfaßt. Keine Angst, irgendwen zu vergessen, irgendwas zu übersehen, irgendwohin zu gehen - die Vorweihnachtszeit kann folglich entspannt und plangemäß über die Bühne gehen, zum Fest ist niemand urlaubsreif.

Unser Beispiel-Map ist zu einem Zeitpunkt entstanden, wo die Grußkarten bereits geschrieben und abgeschickt sind (1 Uhr).

Das Mind-Map dient in diesem Falle auch als Kalender für die Feiertage (4 Uhr).

Der Hauptast EINKAUF (7 Uhr) wartet noch darauf, ausgebaut zu werden.

Wer soll etwas bekommen und wer was? - Das Dilemma der ewig gleichen Fragen zur Weihnachtszeit läßt sich per Mind-Mapping lenken - und alles und alle auf einen Blick!

Gewiß gibt es noch mehr Aspekte der Weihnachtsvorbereitung. Die besten Lehrbeispiele sind gewöhnlich die eigenen - also: Mind-Mapping, wenn's stressig wird - wenn die Rennerei bevorsteht.

Sinnvollerweise wird ein Weihnachts-Mind-Mapping natürlich nicht gerade in aller Familien-Öffentlichkeit geführt - wer z.B. »Buch« darüber führen will, bei wem schon welches Geschenk abgehakt werden kann, kann entsprechende »geheime Zusatz-Mind-Maps« anlegen.

28

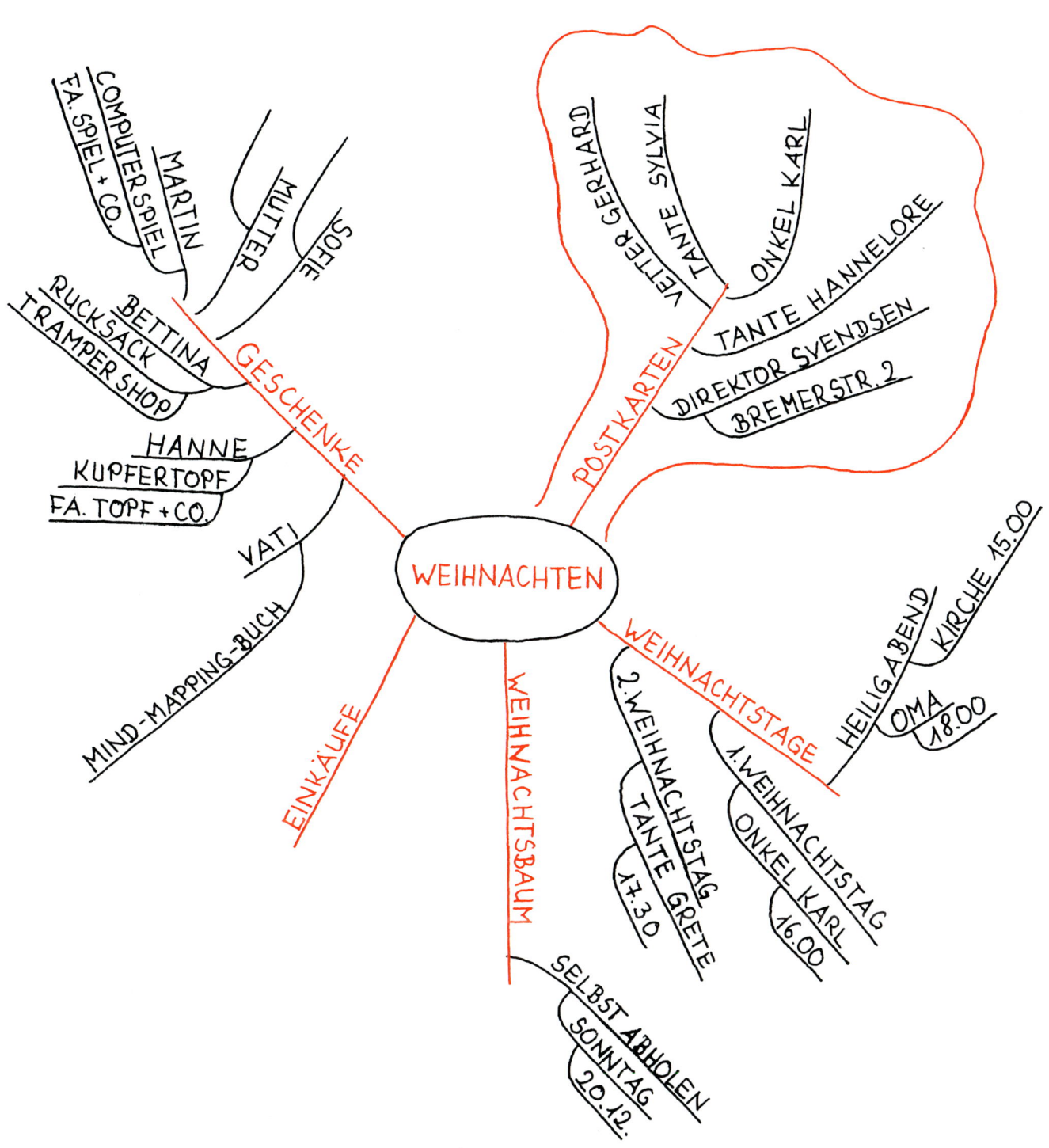

WEIHNACHTEN

GESCHENKE
- MUTTER
  - SOFIE
  - MARTIN
    - COMPUTERSPIEL
    - FA. SPIEL + CO.
- BETTINA
  - RUCKSACK
  - TRAMPER SHOP
- HANNE
  - KUPFERTOPF
  - FA. TOPF + CO.
- VATI
  - MIND-MAPPING-BUCH

POSTKARTEN
- VETTER GERHARD
- TANTE SYLVIA
- ONKEL KARL
- TANTE HANNELORE
- DIREKTOR SVENDSEN
  - BREMER STR. 2

EINKÄUFE

WEIHNACHTSBAUM
- SELBST ABHOLEN
  - SONNTAG 20.12.

WEIHNACHTSTAGE
- HEILIGABEND
  - KIRCHE 15.00
  - OMA 18.00
- 1. WEIHNACHTSTAG
  - ONKEL KARL 16.00
- 2. WEIHNACHTSTAG
  - TANTE GRETE 17.30

BETRIEBLICHE PLANUNG (3. Beispiel)

Im folgenden nun ein Beispiel aus dem Wirtschaftsleben. Ein Betrieb bringt ein neues Produkt auf den Markt. Das muß durchdacht werden.

Unser zweifellos sehr vereinfachtes Planungsbeispiel erfaßt systematisch einige relevante Faktoren für eine erfolgreiche Produktlancierung.

Die HERSTELLUNGSKOSTEN (5 Uhr) bilden einen Hauptast, die innerbetriebliche INFORMATIONspolitik einen anderen (7 Uhr), der Zeitplan für Marketingmaßnahmen (als Schlüsselwort reicht »MARKETING«) einen dritten (11 Uhr), erste VERKAUFSERWARTUNGEN einen vierten (2 Uhr) - die Planung für die FOLGEMONATE haben auf einem fünften Platz (3 Uhr).

Der Februar wurde zum Entscheidungsmonat für die weitere Planung ROT markiert, womit im folgenden also neue Nebenzweige mit faktischen Daten und Ergebnissen nachgetragen werden können, so daß Planung und Erfolg im gleichen Schaubild erkennbar werden.

Das spart langwierige Umschreibungen und schafft sichere Grundlagen für die weitere Planfortschreibung.

30

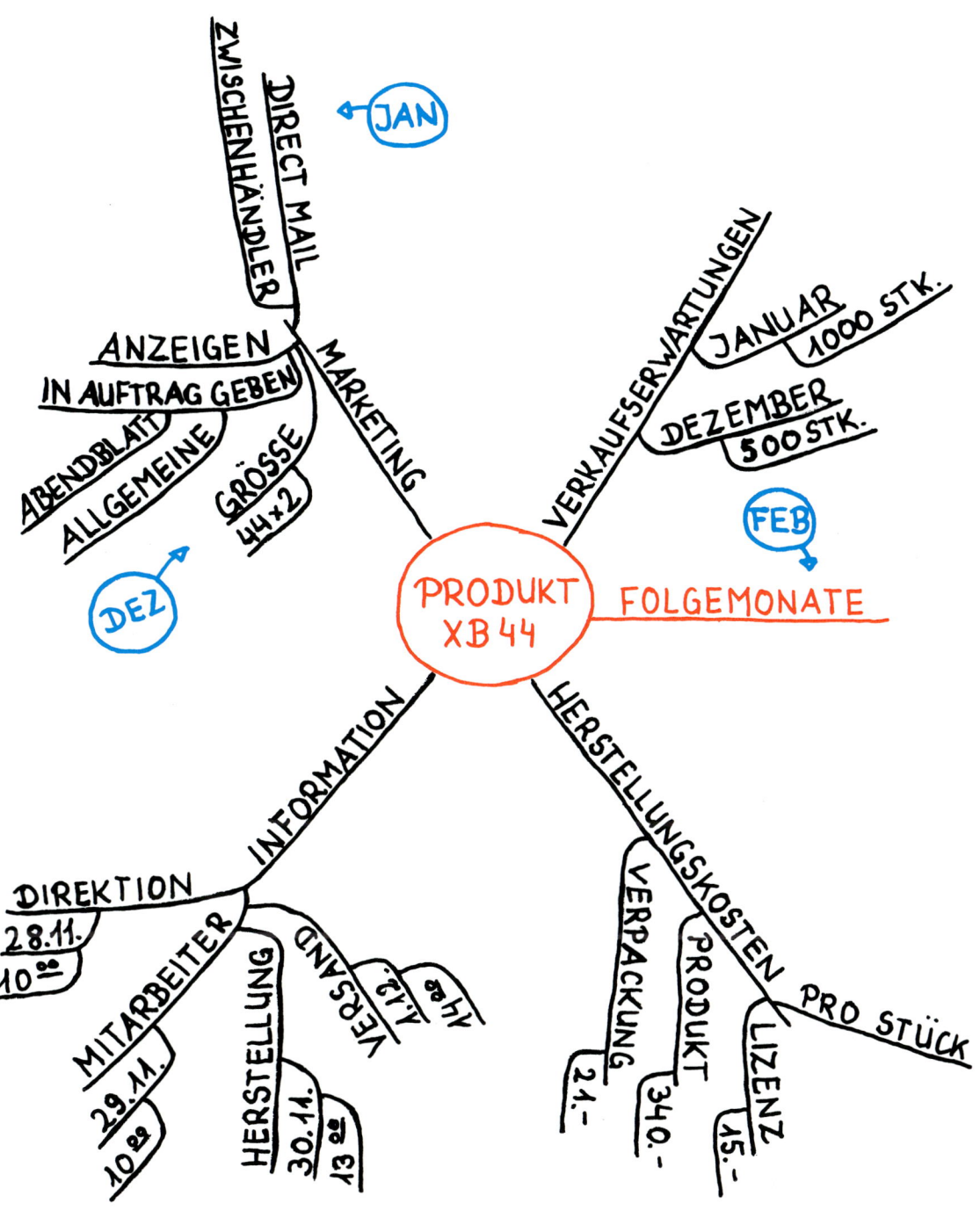

31

Platz für Ihr eigenes Mind-Map

NOTIZEN, NOTWENDIGES UND NÖTIGES

Es gibt unzählige Möglichkeiten, Notizen zu machen. Im Regelfall bestimmt die Ausgangssituation, wie eine Notiz registriert wird.

Nicht selten geschieht das z.B. auf einer freien Ecke der Mittags-Zeitung, wenn ein Einfall gerade in der Essenspause kommt. Oder wer gerade ein bis zwei Telefone am Ohr hat nimmt mit dem nächstbesten freien Fetzen vorlieb.

Wer also die Notizen seiner Zeitgenossen studieren wollte, käme mit Sicherheit zu dem Schluß: Hier herrscht ein ganz schönes Durcheinander!

Dabei ist das Problem im Grunde sehr simpel: wer weiß immer schon vorher, wie wichtig einGespräch am Ende wird, wie lang ein Vortrag dauert, wie ausführlich und verzweigt die eine oder andere Information ist?

Apropos Telefonieren: Hier entfalten sich ungeahnte kreative Kräfte, wie viele und was für ausgefeilte Telefon-Kritzeleien hat die Welt nicht schon gesehen! In einem sinnvollen Zusammenhang zum dazugehörigen Gespräch stehen sie im allgemeinen überhaupt nicht, als Gedächtnisstützen sind sie zumeist schlichtweg unbrauchbar.

NOTIZEN

Übungsgelegenheiten für Mind-Maps bieten sich täglich: Bei einer spontanen Idee, während eines Telefonats oder bei einem Gespräch.

Natürlich reichen zwei, drei oder fünf Begriffe kaum für ein Mind-Map aus - aber wer weiß schon zu Beginn, wie umfassend sich ein Thema entwickelt?

Der größte Vorzug der Mind-Map-Methode liegt vielleicht darin, daß Sie immer das gleiche Verfahren anwenden können. Die Varianten ergeben sich aus den Einzelfällen, die Technik selbst bleibt konstant.

Bei einem ungeplanten Gespräch läßt sich das Hauptthema nicht immer sofort festlegen. Gehen Sie einfach darüber hinweg und widmen Sie sich den Haupt- und Nebenästen. Während Sie die einzelnen Informationen zusammentragen, zeichnet sich der Schwerpunkt meistens schon ab. Im Zweifelsfall bietet sich für den Mittelkreis immer der Name Ihres Gesprächspartners an.

Es wird vorkommen, daß Ihnen nicht das richtige Stichwort für einen Hauptast einfällt. Oder daß bereits in einem sehr frühen Gesprächsstadium Informationen auftauchen, für die der zugehörige Haupt- oder Nebenast noch nicht angelegt ist. Die Lösung ist einfach: Zeichnen Sie die Äste einfach ein, ohne sie zunächst zu benennen.

TELEFONNOTIZ

Betrachten Sie ein Telefongespräch als optimale Trainingssituation für Mind-Mapping. Hier zeigt sich beispielhaft, wie klar der Überblick über den Gesprächsverlauf und seine vielen Details erhalten bleibt, wenn systematisch notiert wird (obwohl möglicherweise ganz unsystematisch geredet wird).

TELEFONNOTIZ

Dieses Mind-Map erstellte die Mitarbeiterin einer Großhandelsfirma während eines Kundengesprächs.

Da ein Telefongespräch keine Zeit für aufwendige Gestaltung läßt, sind alle Stichworte und Äste in einer Farbe gezeichnet.

Im Mittelkreis steht der Name des Kunden. Dann wird gleich sein Anliegen festgehalten; eine Bestellung und ein paar kritische Bemerkungen, die er zur Geschäftsabwicklung macht. Da die Mind-Map-Notiz Grundlage weiterer Handlungen ist, muß sie einen schnellen Überblick gewährleisten. Mit roten Symbolkreisen wird nach dem Gespräch markiert, wer was zu erledigen hat.

Die Bestellung (2 Uhr) wird an die Auslieferung weitergeleitet. In unserem Fall hat sich der Kunde über eine Produktumstellung beklagt. Die Bearbeitung wird für das nächste Abteilungstreffen vorgemerkt.

Schließlich hat der Kunde einen neuen Katalog bestellt (4 Uhr) - da die Lieferung eilt, übernimmt unser Mind-Mapper selbst die Ausführung.

Um nichts zu übersehen, empfiehlt es sich, die erledigten Äste in Wellenlinien einzukreisen und abzuhaken.

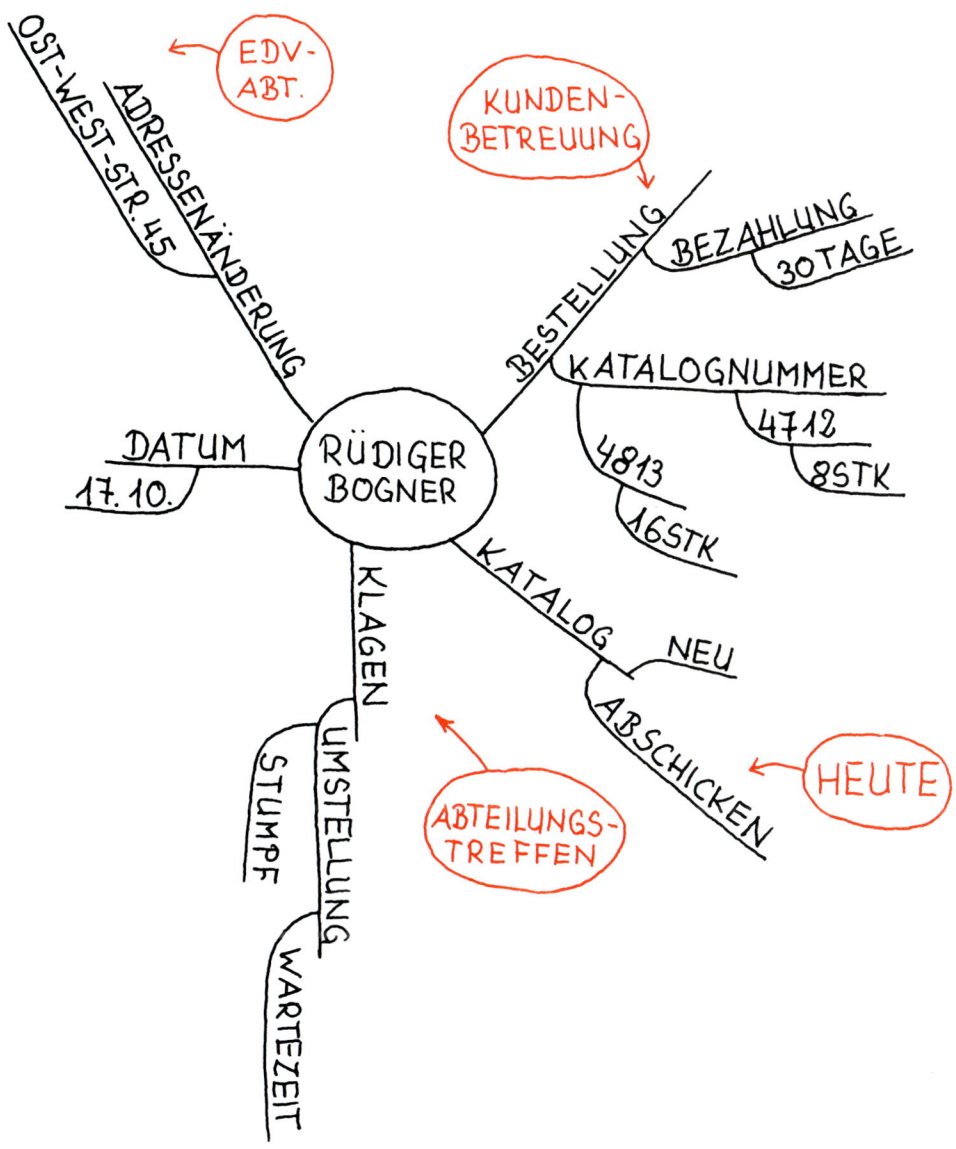

Platz für Ihr eigenes Mind-Map

DIE KUNST DER REDE

Wer wäre nicht zumindest eine Spur nervös, wenn er eine Rede halten soll? Abgebrühte Gesellschaftsgenies, die sich freuen, im Mittelpunkt stehen zu können, sind eher in der Minderheit. Kaum jemand schüttelt sich eine faszinierende Rede aus dem Ärmel.

Das andere Extrem ist schon üblicher: Tage, wenn nicht Wochen vorher beginnt das Grübeln über den unliebsamen Auftritt. Übung ist gut - Vorbereitung besser.

Üblicherweise gehört dazu der bekannte Stichwortzettel, auf dem während der Rede Halt gesucht wird, die Punkte, an denen sich entlanghangeln läßt.

Ebenso üblich, ja gewiß noch häufiger ist es, die geplante Rede komplett aufzuschreiben und dann vor lauter Lampenfieber abzulesen.

Schüchterne, ungeübte und verunsicherte Redner verschwenden ihre Energie so oft schon im Vorfeld einer Redevorbereitung. Bereits bei dem Gedanken an das bevorstehende Ereignis fließt ihnen der Angstschweiß, und die Auswüchse der Phantasie werden nur gewaltsam gezügelt.

Praktisch zeigt sich dann aber immer wieder im entscheidenden Moment, daß alles halb so schlimm ist, denn fast immer hat der Redner die wesentlichen Aspekte des Vortrags durchaus strukturiert in seinem Kopf gespeichert. Es kommt doch außerordentlich selten vor, daß ein Redner wirklich steckenbleibt und ihm kein einziger neuer Satz einfällt.

Wo nicht direkt aus dem Manuskript abgelesen wird, ist es an sich schon erstaunlich, wie wenige Blicke überhaupt auf die Vorlage geworfen werden. Wenn der Redner dann allerdings ins Stocken kommt, liegt es oft nur daran, daß der Unterschied zwischen Schrift- und Umgangssprache bei der Vorbereitung nicht genügend berücksichtigt

wurde, und er zwischen freier Rede und Ablesen wechselt. Während der Rede stellt sich dann meist heraus, daß eine Manuskriptvorlage nicht zum Vortrag geeignet ist, da »eine Schreibe keine Rede ist«.

Das einzige, wodurch sich ein Redner wirklich selbst außer Fassung bringen kann, ist eine falsche Vorbereitung.

Es empfiehlt sich daher, schon bei den ersten Gedanken an eine Rede mit dem Mind-Map zu arbeiten. Sobald ein Vortrag ansteht, setzen Sie sich in Gedanken bereits mit Ihrem Thema auseinander. Ein vorläufiges, noch nicht sortiertes Brainstorming beginnt. Wenn Ihre ersten Stichworte und Verästelungen im Mind-Map festgehalten sind, können Sie gelassen und besonnen fortfahren.

Selbst bei der Vorbereitung einer spontanen Rede hilft das Mind-Map. Ein paar Minuten

Zeit finden sich fast immer. Wer seine Verästelungen richtig angelegt hat, braucht sich nicht vor Wiederholungen, peinlichen Stockungen und vor zusammenhanglosem Gerede zu fürchten. Im Mind-Map steckt das Wesen der ganzen Rede. Da Sie mit einem Blick ihre gesamte Struktur erfassen können, sind Sie in der Lage, Ihre Rede flüssig vorzutragen. Zwischenrufe, Kommentare und sonstige Störungen können Sie nicht aus dem Gleichgewicht bringen.

Wer bereits erörterte Aspekte auf seinem Mind-Map markieren möchte, kann dies mit Hilfe von Wellenlinien tun. Einfach die entsprechenden Verästelungs-Komplexe wellenlinienförmig einkreisen. Einen nach dem anderen, bis alles gesagt ist.

Größter Vorteil dieser Redevorbereitung: Auch im letzten Moment läßt sich noch etwas nachtragen. Es gibt keine komplizierten Einschübe, keine Gedanken und Einzelheiten, die das erarbeitete Ganze stören könnten. Im Mind-Map findet alles Platz.

Manchmal bietet es sich an, von vornherein einen Hauptast mit dem Stichwort FRAGEN anzulegen. Hier kann Ungeklärtes gesammelt werden und anschließend auf die entsprechenden Äste übertragen werden.

Wenn Sie als Mind-Mapping-Redner auftreten, schlagen Sie drei Fliegen mit einer Klappe: Ihre Nerven sind entspannt, die Rede selbst ist locker und natürlich und Ihre Zuhörerschaft hat Spaß an einem unverkrampften, informativen Vortrag.

EIN 75. GEBURTSTAG

Onkel Hans wird 75. Eine Rede muß vorbereitet werden. Sie soll entsprechend der Zeitenfolge »gestern« – »heute« – »morgen« aufgebaut werden. Natürlich darf auch das feierliche Schlußwort nicht fehlen.

Die Zahlen an den Hauptästen, z. B. in Rot, markieren den thematischen Verlauf des Vortrages. (Wer keinen farbigen Stift zur Hand hat, kann die Hauptäste auch durch dickere Striche hervorheben und/oder die Stichwörter in größeren Buchstaben schreiben.)

In unserem Beispiel dient der oberste Hauptzweig (12 Uhr) dazu, Ideen und Einfälle festzuhalten, die noch unmittelbar vor oder während der Rede hinzukommen.

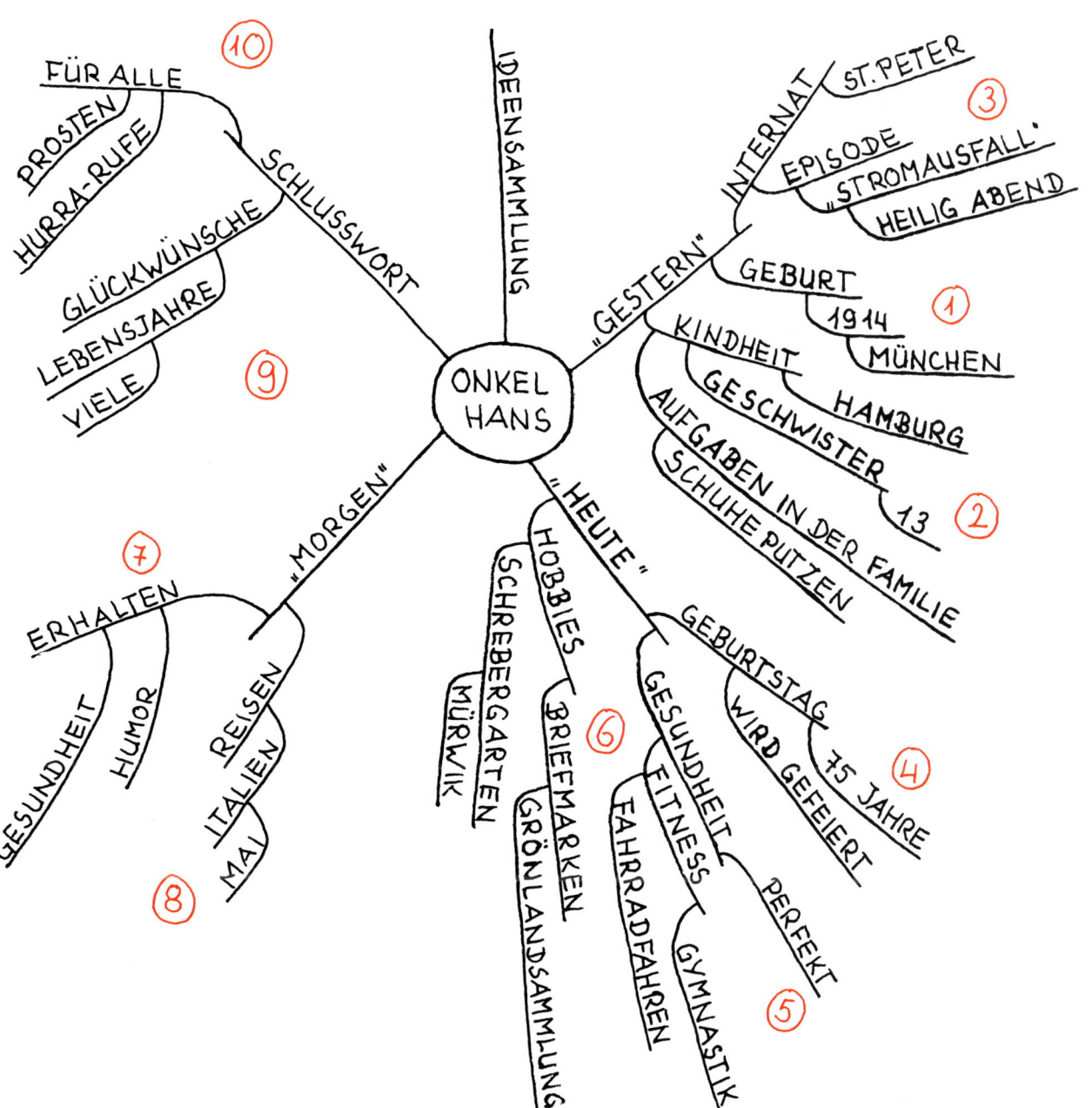

Platz für Ihr eigenes Mind-Map

PROJEKTE

Ob es um ein Bauvorhaben, eine EDV-Einrichtung oder um die Bepflanzung Ihres Gartens geht - die Organisation und Systematisierung der Gedanken verläuft jeweils ähnlich.

Die Auswahl der Methoden, die wir für die Bewältigung eines Projektes einsetzen, ist von verschiedenen Faktoren abhängig: von entscheidender Bedeutung ist dabei sein Umfang. Außerdem spielen Ihre Vorkenntnisse, Ihre Routine und Ihre individuelle Gehirndominanz eine Rolle.

Bei der Planung und Durchführung stützen wir uns meist auf allgemeine Regeln und Erfahrungen. Für Bauvorhaben lassen wir Zeichnungen vom Architekten und Pläne von Ingenieuren erstellen, für EDV-Installationen Funktions- und Bedarfsanalysen. Auch bei der Umgestaltung unseres Gartens fertigen wir vor dem ersten Spatenstich zumindest gedanklich eine Skizze an.

Größere Projekte erfordern die Aktivitäten vieler Menschen. Funktionstüchtige Kommunikationswege müssen vorhanden sein und genügend Orientierungen, Besprechungen und Anweisungen erfolgen. Dabei kommt es nicht selten zu Reibungen und Mißverständnissen. Der Grund dafür liegt einfach darin, daß in einer Gruppe von mehreren Menschen unterschiedliche Auffassungs- und Denkweisen aufeinander treffen.

Mind-Maps können hier als anschauliche und allgemein verständliche Grundlage dienen, um einen systematischen Konsens zu schaffen.

Vor allem aber sind sie auch eine ganz wichtige Hilfe in der ersten, besonders schwierigen Phase, um überhaupt erst mal in Gang zu kommen. Gleich nachdem eine neue Idee formuliert ist, melden sich immer auch eine Menge Bedenken. Ist die Idee wirklich gut? Welche Kosten entstehen? Welche Konsequenzen sind zu erwarten? Wieviel Zeit, wieviele Mitarbeiter müssen eingesetzt werden? Entstehen Konflikte mit anderen langfristigen Vorhaben?

Diese kritischen Fragen können sich im Kopf so intensiv melden, daß sie das Weiterdenken blockieren.

In einem Mind-Map werden sie einfach ganz schnell als Äste auf das Papier gebracht, und der Kopf ist wieder frei, dem Gedankenfluß zu folgen.

Ein Mind-Map erfaßt gleichzeitig ein gesamtes Projekt im Überblick wie es auch Detailaspekte, Zusatzideen und untergeordnete Arbeitsbereiche berücksichtigt. Neben einem allgemein gültigen Mind-Map als Grundlage der gemeinsamen Arbeit kann sich jeder Beteiligte außerdem sein individuelles Mind-Map erstellen. Dieses gilt dann für den eigenen Verantwortungsbereich und enthält die ganz persönliche Auffassung vom Fortgang des Projektes.

Innerhalb des Teams wird durch das Mind-Map eine allgemeine Übersicht und Verständlichkeit erreicht. Es inspiriert darüberhinaus zu immer neuen Anregungen, ist doch das Ganze permanent auf einen Blick verfügbar.

Gemeinsames Mind-Mapping schafft die Voraussetzung für optimale Kommunikation:

- keiner wird untergebuttert

- keine Pseudowichtigkeiten

- keine Hierarchiekämpfe

PROJEKT: »GARAGE«

Für geübte Mind-Mapper ist eine Bauplanung eine lockende Herausforderung.

In unserem Beispiel liegt die eigentliche Planungs- und Bauphase schon hinter uns. Jetzt müssen noch MALER- und FLIESENlegerarbeiten erledigt werden (5 Uhr), ein HOLZSCHUTZmittel besorgt werden (3 Uhr) und die BAUABNAHME erfolgen.

Alles, was bereits erledigt ist, haben wir grau markiert. Wie das Beispiel zeigt, ist genügend Platz vorhanden, um auch das Bau-Budget zu erfassen. Die einzelnen Beträge wurden in einem gesonderten Kasten zusammengestellt.

Die Farben der Hauptäste:
SCHWARZ steht für »Papierkrieg«,
GRÜN für den Zeitplan,
BLAU für die Materialien,
ROT für die Baugenehmigung und die Abnahme.

Auf unserem Hauptast MATERIAL (1Uhr) wurde die Systematik erweitert, indem einzelne Zweige bereits die konkreten Materialien nennen (BESCHLÄGE, HOLZTEILE, DACHPLATTEN). Dagegen sind die Zweige ABFLUSS und FUNDAMENT noch allgemeiner Art.

Derartige kleine »Brüche« stören das Mind-Map nicht, da der Überblick erhalten bleibt. Präzision ist gut, übertriebener Perfektionismus eher hinderlich.

ERLEDIGT
14/8

PROJEKT 'GARAGE'

MATERIAL

ABFLUSS
- DACHRINNE 650
  - 5822
  - P44 3STK
  - U33 2STK
  - 600
- KOPFSTEINE
  - 1HL
  - 2HL
- FASCHINENROHR 20×400
- REINIGUNGSKETTE 3M

DACHPLATTEN
- 1200×310
- TRAPEZ 35STK

HOLZTEILE
- 1"×6" GEFRÄST
- 4"×8" 630 2STK
- 2"×4" 336 11STK

HOLZSCHUTZ
- FARBLOS 10L.

BESCHLÄGE
- EISENWINKEL NIRO 22 STK
- VERBINDLUNGSPLATTEN NR1 11STK

FUNDAMENT
- KIES
- ZEMENT 2P5
- BETONROHR 20×400 4STK
- DRAINAGE-ROHR 3" 030 4STK

SAMSTAG

BAUABNAHME
BAUBEHÖRDE 040433991
MÜLLER

GENEHMIGUNGEN
- BAUERLAUBNIS
  - 11/6 ERHALTEN
  - LAGE
- NACHBARSCHAFT
  - AKZEPTIERT
  - SCHMIDT 6/81

ZEITPLAN
- FLIESEN 25.WOCHE
- DACHPLATTEN 24.WOCHE
- MALERARBEITEN 23.WOCHE
- HOLZARBEITEN 22.WOCHE
- SCHÜTTEN 21.WOCHE
- ERDARBEITEN 20.WOCHE

BUDGET:
PFOSTEN   : 1500
ZEMENT   : 100
KIES   : } 400
KOPFSTEINE :
BESCHLÄGE   : 500
DACHRINNE   : 300
DACHPLATTEN : 1800
HOLZSCHUTZ : 400
              5000

Platz für Ihr eigenes Mind-Map

PROBLEMLÖSUNGEN

Manche Probleme erscheinen einfach un-
lösbar. Dabei sind sie oft nur komplexer und
vielfältiger als andere. Niemand kann gleichzeitig mehrere Gedanken verfolgen. Noch
komplizierter wird es, wenn das Problem von
Gefühlen begleitet wird. Dann gerät die linke
Gehirnhälfte - die »analytische Datenbank« -
mit den emotionalen, phantasievollen Kräften
der rechten Gehirnhälfte in Konflikt. Krampf-
hafte Lösungsversuche verschlimmern alles
nur noch.
Wieder kann das Mind-Mapping Entlastungs-
funktionen übernehmen, indem die festge-
fahrenen Gedankenwege durch ein metho-
disches Brainstorming aufgelöst werden.
Denn das Aufschreiben aller Gedanken und
Überlegungen erschließt neue Perspektiven
und verhindert, daß Sie sich gedanklich im
Kreis bewegen.

Wo die Problemstellung derart methodisch
anschaulich gemacht ist, zeigt sich nicht
selten, daß Ursachen und Wirkungen oftmals
ganz anders gelagert sind als vermutet. Die
gewonnene Klarheit stärkt in jedem Fall das
Selbstbewußtsein und macht unglücklich zu-
sammengeschusterte Entschuldigungen, Aus-
reden oder unfaires Abschieben der Verant-
wortung auf Dritte schnell überflüssig.

Nun ist ja denkbar, daß schon der erste Schritt
zum Mind-Mapping bei einem Problem
stockt. Eine simple Lösungsmöglichkeit:

Sammeln Sie zunächst alle Einfälle, die mit
Ihrem Problem verbunden sind, auf einem
Blatt Papier und strukturieren Sie Ihre
Notizen erst anschließend zu einem Mind-
Map. Lassen Sie sich Zeit für Denkpausen! Ihr
Unterbewußtsein arbeitet währenddessen an
Ihren Schlüsselworten und Verästelungen
weiter. Der kreative Prozeß der Problem-
lösung wird nicht unterbrochen werden,
wenn Sie sich zwischendurch mit etwas
anderem beschäftigen oder eine Ruhepause
einlegen.

ElN VERKEHRSUNFALL

Schwerwiegende Probleme haben die unangenehme Eigenschaft, daß sie manchmal in Sekundenbruchteilen entstehen und Sie sofort vor ein Gewirr vollendeter Tatsachen stellen - z. B. bei einem Verkehrsunfall.

Unser Beispiel handelt von einem Autofahrer, der seine Ausweichpflicht auf einer Nebenstraße verletzt hat und frontal einen anderen Wagen in der Seite rammt.

Wer solch eine Situation bereits erlebt hat, der weiß, wie schlagartig alle Sinne in Aufruhr geraten. Dabei kommt es gerade in solchen Momenten darauf an, Ruhe zu bewahren und klar zu denken. Um Folgeschäden zu vermeiden, müssen alle Details und Abläufe exakt festgehalten werden. Denn meistens werden Verkehrsunfälle in letzter Instanz vor Gericht entschieden - und bis dahin sind viele Erinnerungen verblaßt.

Wer sein Mind-Map angelegt hat, kann seinen Unfall vorläufig vergessen. Alle Informationen sind notiert und der Ablauf des Unfalles ist jederzeit nachvollziehbar.

Die Hauptäste des Beispiels zeigen, wo sich der Unfall ereignete, nennt die Betroffenen und hält den Ablauf fest. Später werden zwei weitere entscheidende Hauptäste nachgetragen: VERSICHERUNG(SFRAGEN) und WERKSTATT.

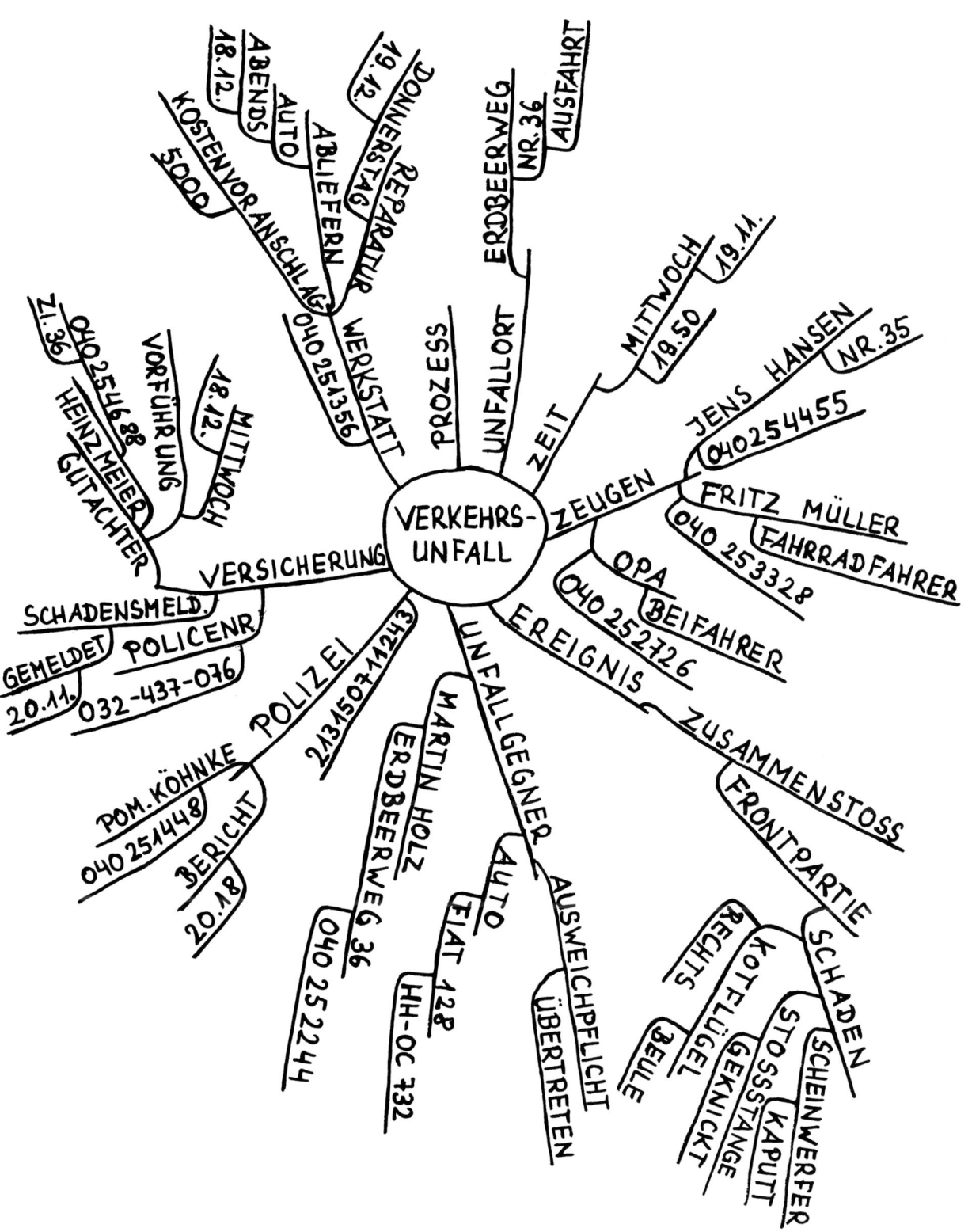

Platz für Ihr eigenes Mind-Map

SCHULE, STUDIUM UND WEITERBILDUNG

Im Berufsleben kommt heute kaum noch jemand ohne gründliche Studien und Fortbildungen aus. Schüler und Studenten müssen ihre Lerninhalte zur nächsten Prüfung präsent haben.

Während an effektiven Lernmethoden ständig gearbeitet wird, hapert es häufig seitens der Unterrichtsmethodik: Die Lehrbücher werden kapitelweise bearbeitet, abschnittweise besprochen, Begriffe gesondert erklärt und vereinzelt Beispiele herangezogen. Die Gesamtzusammenhänge, die Vernetzung zu anderen Gebieten und bereits Gelerntem werden viel zu häufig völlig vernachlässigt. Selbst ein modernes Medium wie der Overhead-Projektor wird oft ohne ein eigentliches Verständnis für die notwendige Berücksichtigung der unterschiedlichen Gehirndominanzen eingesetzt *(Text-Darstellung des Gesagten, keine Bilder).*

Während des Unterrichts werden Notizen gemacht, die anschließend mit großem Zeitaufwand mit Lektüre-Notizen koordiniert werden müssen. Unterstreichungen, Farbmarkierungen, Notiz-Exzerpte und »Spickzettel« werden als Hilfsmittel herangezogen. Einige von uns sind der Meinung, daß sie ihren Stoff umso besser beherrschen, je öfter sie ihn gelesen haben.

Im Unterricht reicht gewöhnlich die Zeit neben dem Zuhören bestenfalls für einige eilige Notizen, unsortierte Stichworte, ein paar Halbsätze. Komplizierte Sachverhalte werden dann vor den Prüfungen abschnittweise wiederholt, meist ohne Aufarbeiten des Gesamtzusammenhangs

Die Abfolge der Notizen folgt dem Vortrag, sie stimmt kaum jemals mit irgendwelchen dazugehörigen Lektüre-Notizen überein. Zeitaufwendig müssen beide Stichwortsammlungen koordiniert werden.

Mit Mind-Mapping können Sie diese unnötige Zeit sparen, denn ein und dasselbe Mind-Map kann für den jeweiligen Unterrichtskomplex verwendet werden. Es dient zur Vor- und Nachbereitung, zur Wiederholung und als Übersicht während des Unterrichts.

UNTERRICHTSVORBEREITUNG

Ganz am Anfang der Vorbereitungen hält man sich am besten an die Gliederung des Lehrbuches, die Angaben über Kapitel und Abschnitte im Inhaltsverzeichnis bieten sich geradezu an.

Dann muß man sich entscheiden, ob man ein Mind-Map für das ganze Buch oder für ein Kapitel oder ein spezielles Thema anfertigen will. Auch hier geht immer der Weg vom Allgemeinen zum Besonderen. Der große Vorteil: Das Lehrbuch wird nicht mehr nur stur »durchgebüffelt«, jetzt wird es von seinen inneren Zusammenhängen her erarbeitet.

Begriffe müssen abgewogen und durchdacht werden, bevor sie als Schlüsselworte übernommen werden können, Zusammenhänge gehen nicht beim Weiterblättern verloren. Und wo es mal zu schwierig wird, kann einfach abgebrochen werden und an anderer Stelle weitergemacht werden, unverkrampft und souverän dem Stoff gegenüber. Und beim zweiten Durchgang werden einem auch die zunächst noch undurchsichtigen Passagen klar werden.

UNTERRICHT

Mit der richtigen Vorbereitung und einem gut strukturierten Mind-Map können Sie dem Unterrichtsvortrag spielend folgen und rasch Ergänzungen vornehmen. Nichts wird doppelt oder gar dreifach notiert, alle Zusammenhänge werden auf einen Blick verdeutlicht.

NACHBEARBEITUNG

Die Wiederholung einzelner Themengebiete kann durch einen Blick auf das Gesamtbild des Mind-Map erfolgen.

Beim Überprüfen Ihrer Stichworte können Sie schnell überflüssige Informationen streichen. Eine Aufgabenstellung, die im Mind-Map strukturiert vorliegt, erleichtert die Entdeckung der Lösungswege. Diese wiederum können in die Struktur der Aufgabenstellung eingearbeitet werden oder als eigenes Mind-Map dargestellt werden.

Dann ruhig einmal zurücklehnen! Wer seine Mind-Maps gelassen »überfliegt«, wird weitere Einfälle und Einsichten bekommen. Wenn alles beisammen ist, liegt eine sichere Grundlage vor, um den Lösungstext zu formulieren. Die Reinschrift läßt sich erleichtern, wenn einzelne Verästelungen numeriert werden.

EXAMEN

Nutzen Sie die verschiedenen Mind-Maps, die
Sie während eines Seminares erstellt haben.
Da Sie den Lernstoff sofort erfassen können,
sparen Sie viel Zeit bei der Examensvor-
bereitung.

Natürlich können Sie diese Methode auch für
intensive Lektüre, für Interviews und zur
Begleitung von Experimenten als Kompakt-
Speicher anwenden.

Als Beispiel hier ein Mind-Map für ein Mind-Map Seminar.

Im Unterschied zu diesem Buch wird mit der Theorie (1 Uhr) begonnen. Dann werden die Entwicklung und der Einsatz von Mind-Maps (5 Uhr) beschrieben.

Anhand eines Beispiels (8 - 11 Uhr) werden die Grundregeln (12 Uhr) erläutert.

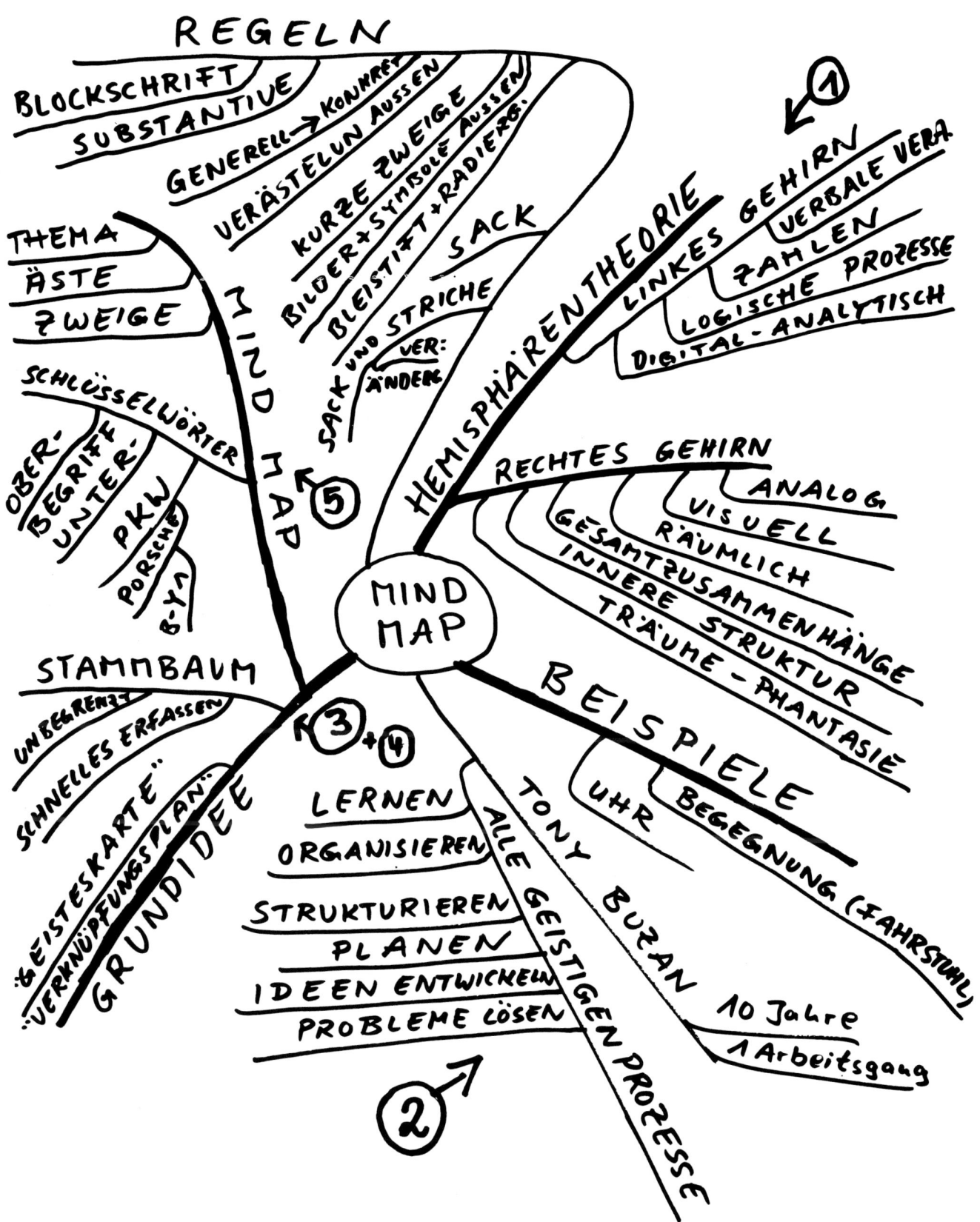

53

UNTERRICHT UND TRAINING

Als Lehrer oder Trainer wissen Sie, wie zeitraubend und aufwendig es ist, Unterrichtseinheiten und Seminare vorzubereiten.

Wahrscheinlich müssen Sie auch immer wieder nach originellen Ideen suchen, den Stoff so inspirierend zu vermitteln, daß die Schüler oder Seminarteilnehmer nach der ersten Viertelstunde Einwegkommunikation nicht einschlafen.

Jede Unterrichtsplanung umfasst eine Vielzahl verschiedener Aspekte und Themenbereiche: Die Unterrichtsziele und -inhalte müssen formuliert, der Zeitablauf geplant, Hilfs- und Lehrmittel organisiert werden. Zudem müssen Motivierungsfragen überlegt und Vortragsmethoden ausgewählt werden.

Wer zwar schon unterrichtet hat, aber noch nicht erlebt hat, daß seine Schüler Notizen gemacht haben, gar nicht zu reden von der sinnvollen Wiedergabe der ihnen vermittelten »Goldkörner«, auf die man so oft vergeblich hofft - der sollte jetzt besonders aufpassen, denn Mind-Maps können auch den Unterricht und seine Erfolge optimieren!

Mind-Maps eignen sich gleichermaßen zur Vorbereitung, Durchführung und zur Dokumentation des Unterrichts.

VORBEREITUNG

Arbeiten Sie mit großen Papierbögen, denn die Vorbereitung einer Unterrichtsstunde umfaßt viele Aspekte. Bibliotheksrecherchen, Interviews, Pressematerial, PR-Daten werden zusammengefügt und ergänzen das Gesamtbild.

Unterschiedliche Farben kennzeichnen, in welcher Reihenfolge die einzelnen Komplexe im Unterricht behandelt, wo Medien eingesetzt und Zitate vorgebracht werden, wann einzelne Teilnehmer in Aktion treten oder Gruppenarbeit eingeplant ist.

Mind-Maps können Unterrichtseinheiten auf verschiedene Weise vorbereitend erfassen, sei es als Vortragsstütze nur für die Lehrkraft, sei es zur späteren Verwendung im Unterricht selbst.

Unnötige Unsicherheiten gehören der Vergangenheit an und auch Anfänger brauchen nicht mehr zu zittern, wenn es in den Unterricht geht.

DURCHFÜHRUNG

Räumen Sie Ihrem Mind-Map im Unterrichtsraum einen Ehrenplatz ein. Es hat ihn doppelt verdient: Sie haben es ständig vor Augen und können sich an die Einzelheiten Ihrer Vorbereitungen erinnern - und die Teilnehmer können jederzeit nachvollziehen, welche Aspekte bereits besprochen wurden, welche noch erarbeitet werden müssen und in welchem größeren Zusammenhang die Unterrichtseinheit steht. Sie werden Ihrem Unterricht engagierter folgen, da sie nie den roten Faden verlieren und von Anfang an ein besseres Verständnis für den Sinn des Unterrichts entwickeln.

Oft ist es allerdings sinnvoll, das Mind-Map Ast für Ast vor den Augen der Schüler zu entwickeln. Zeichnen Sie das Mind-Map, das Sie entwickelt haben, dünn mit Bleistift auf ein großes Flip-Chart Papier. Im Unterricht können Sie dann ein Element nach dem anderen mit Filzstiften nachzeichnen.

Am anschaulichsten wird es natürlich (und es spart Zeit), wenn Sie mit einem Overhead-Projektor arbeiten. Fertigen Sie für jeden Schritt eine Folie an und legen Sie die einzelnen Bilder Ihren Erklärungen entsprechend übereinander. *(Ein gutes Beispiel sind die einzelnen Stufen der Mind-Maps für die Hamburg-Reise am Beginn des Buches).* Setzen Sie bunte Farben und verschiedene Symbole zur übersichtlichen Darstellung ein.

Selbstverständlich sollte den Teilnehmern zuvor die Mind-Map-Technik vermittelt werden. Zumal sie auch für die interne Gruppenarbeit einsetzbar ist und schließlich als Kommunikationsmedium im Plenum.

Da Sie auf diese Weise als Lehrkraft unabhängig von Manuskripten sind, können Sie Anregungen und Zwischenfragen flexibel aufnehmen, ohne den Überblick zu verlieren.

Zum Abschluß einer Unterrichtseinheit läßt sich der gesamte erarbeitete Komplex noch einmal schnell und systematisch überblicken. Schwachstellen können hervorgehoben und gute Ansatzpunkte unterstrichen werden.

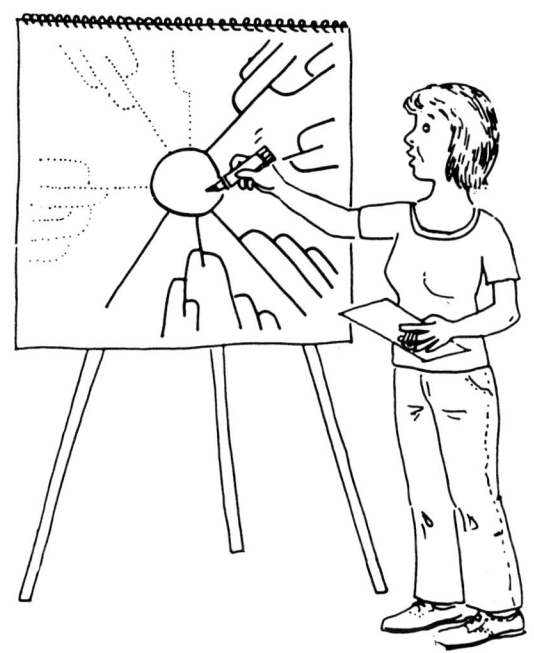

TENNISUNTERRICHT - ein Beispiel

Bei unserem nächsten Beispiel erfahren wir, was ein Tennislehrer bei der Vorbereitung eines Anfängerkurses beachten muß.

Das Trainingsprogramm selbst wird durch den Hauptast TRAININGSSTAGE (12 Uhr) verdeutlicht. Er enthält auch alle Materialien, die der Lehrer für den Unterricht benötigt.

Im Anschluß an das AUFWÄRMEN (2 Uhr) folgt das Training selbst mit vier Hauptästen (GRIFF, STELLUNGEN, SCHLAG, TECHNIK) (5 Uhr bis 9 Uhr). Es wurde mit einigen Schlüsselwörtern so untergliedert, daß es eine optimale Erinnerungsfunktion hat, gleichzeitig aber auch flexibel genug für Wiederholungen und Nachträge ist. Namen und Telefonnummern der TEILNEHMER (11 Uhr) erscheinen in einem gesonderten Komplex.

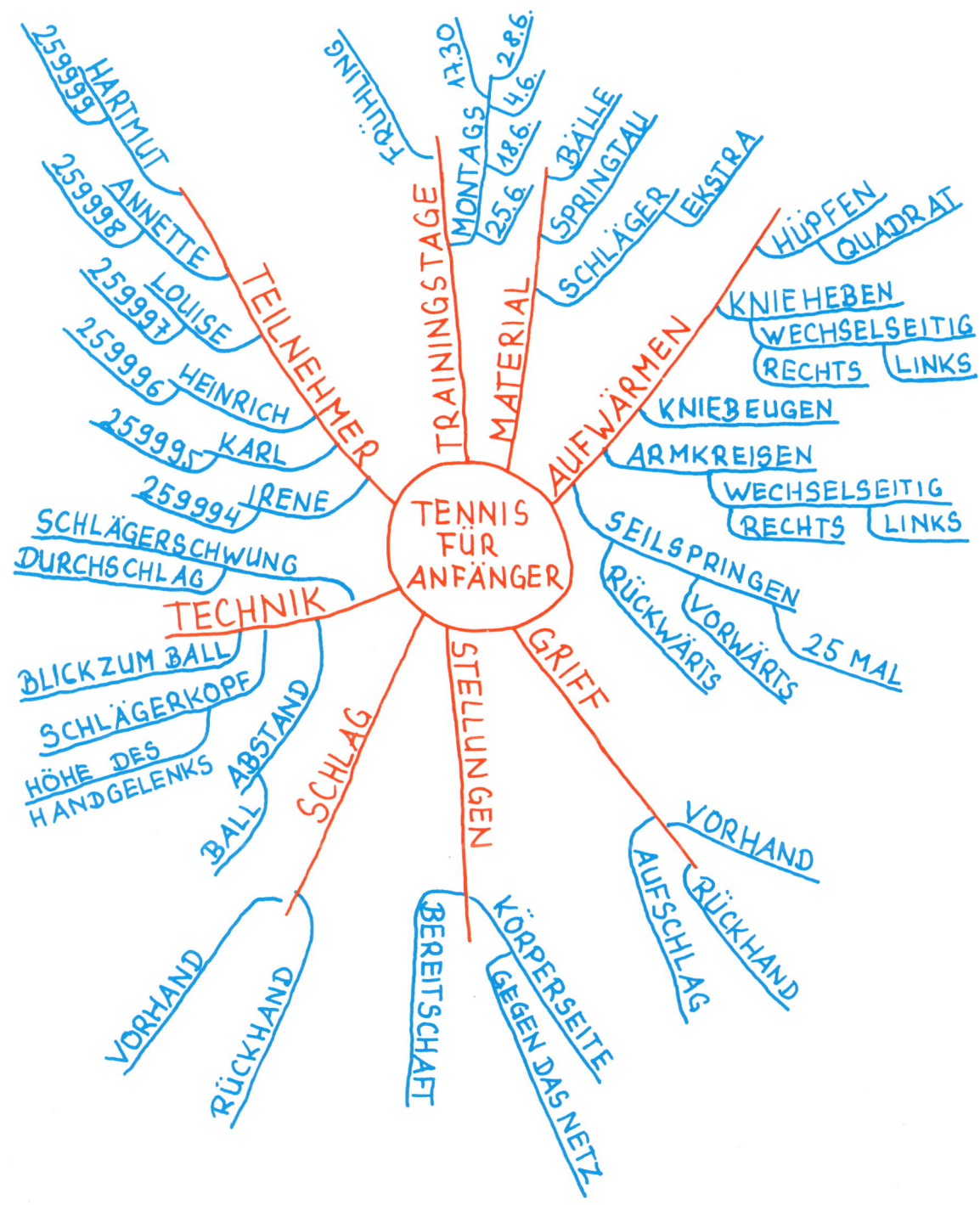

Platz für Ihr eigenes Mind-Map

BESPRECHUNGEN, BESPRECHUNGEN . . .

Böse Zungen behaupten, daß zu jedem beliebigen Zeitpunkt des Tages die Hälfte der Berufstätigen unseres Landes in Besprechungen sitzt, und die verbleibende Hälfte gerade zu einer Besprechung eilt.

Wahrscheinlich ist diese Behauptung leicht übertrieben. Tatsache ist, daß sich diese Zusammenkünfte durch Mißverständnisse, sinnlose Konfrontationen, Kapriolen und die daraus entstehenden weiteren Mißverständnisse oft endlos und unnötigerweise in die Länge ziehen.

Sitzungen sind kuriose Studienobjekte. Diejenigen, die rechtzeitig eintreffen, warten in der Regel eine Viertelstunde auf die Nachzügler. Anschließend wird Kaffee getrunken und wiederum gewartet, bis schließlich die Sitzungsleitung zum Thema kommt. Nächstes Problem: Besitzen alle Sitzungsteilnehmer den gleichen Kenntnisstand? Welche Fraktionen verfolgen welche Zielrichtungen? Wer da nicht die Übersicht behält, ist verloren. Die Anwesenden fühlen sich leicht ermuntert, wortreich und leidenschaftlich um den heißen Brei herumzureden, das Thema hitzig zu verwässern,

sich ständig zu wiederholen und am Ende nicht einmal mehr zu wissen, worum es eigentlich ging. Stillere Typen bekritzeln unterdessen ihre Notizblöcke mit Strichmännchen und träumen vom Feierabend.

Die Sitzungsleitung hat demgegenüber eine themengebundene Diskussion zu ermöglichen, ebenso die Allgemeinverständlichkeit und eine allgemein befriedigende Zusammenfassung bzw. Abstimmung.

Auch hierbei kann Mind-Mapping sehr hilfreich sein.

Einzelne Tagesordnungspunkte werden durch die Hauptäste dargestellt. Um die Themenkomplexe sinnvoll einzugrenzen, werden die Nebenzweige mit entsprechenden Stichworten von der Sitzungsleitung vorgegeben.

Zunächst formulieren und skizzieren alle Anwesenden das Grundmuster des Mind-Map. *Erst wenn das Bild allgemein akzeptiert ist, sollte die Diskussion zu Lösungs- und Planungsfragen beginnen.* Denn jetzt besitzt das Plenum einen einheitlichen Leitfaden.

Auch die Schönredner unter den Sitzungs-teilnehmern sind somit konkret an die thematische Vorlage gebunden. Alle Redebeiträge müssen abgestimmt sein und ins Gesamt-system passen. Neue Stichworte müssen ebenfalls systematisch begründet werden. Streitfragen lassen sich dank der Übersicht schnell klären und Gefühlswallungen auf den Punkt bringen.

Am Ende bietet es sich an, Sitzungsbeschlüsse und Aufgabenverteilungen in das Mind-Map einzutragen.

Für Referate und Sitzungsprotokolle steht fortan das gemeinsam erarbeitete Mind-Map zur Verfügung. Es kann z. B. fotografiert und allen zur Verfügung gestellt werden. Will man es für eine weitere Besprechung verwenden, sollte man es aufrollen und aufbewahren. (So kann bei unterbrochenen Konferenzen gleich an dem Punkt fortgefahren werden, an dem man sich beim letzten Mal getrennt hat.) Dieser »Datenspeicher« kann jederzeit und immer wieder in neuen Zusammenhängen verwertet werden.

Wer eine Diskussion in größerer Runde leitet, kann zudem per Mind-Map die Reihenfolge der Redebeiträge erfassen und wichtige Stich-worte gleich vermerken, Positionen und Fraktionen bestimmen.

Die Diskussionsleitung hat so die Möglich-keit, jederzeit Zwischenbilanz zu ziehen. Sie kann auch mühelos nachvollziehen, wer zu welchen Punkten geredet hat.

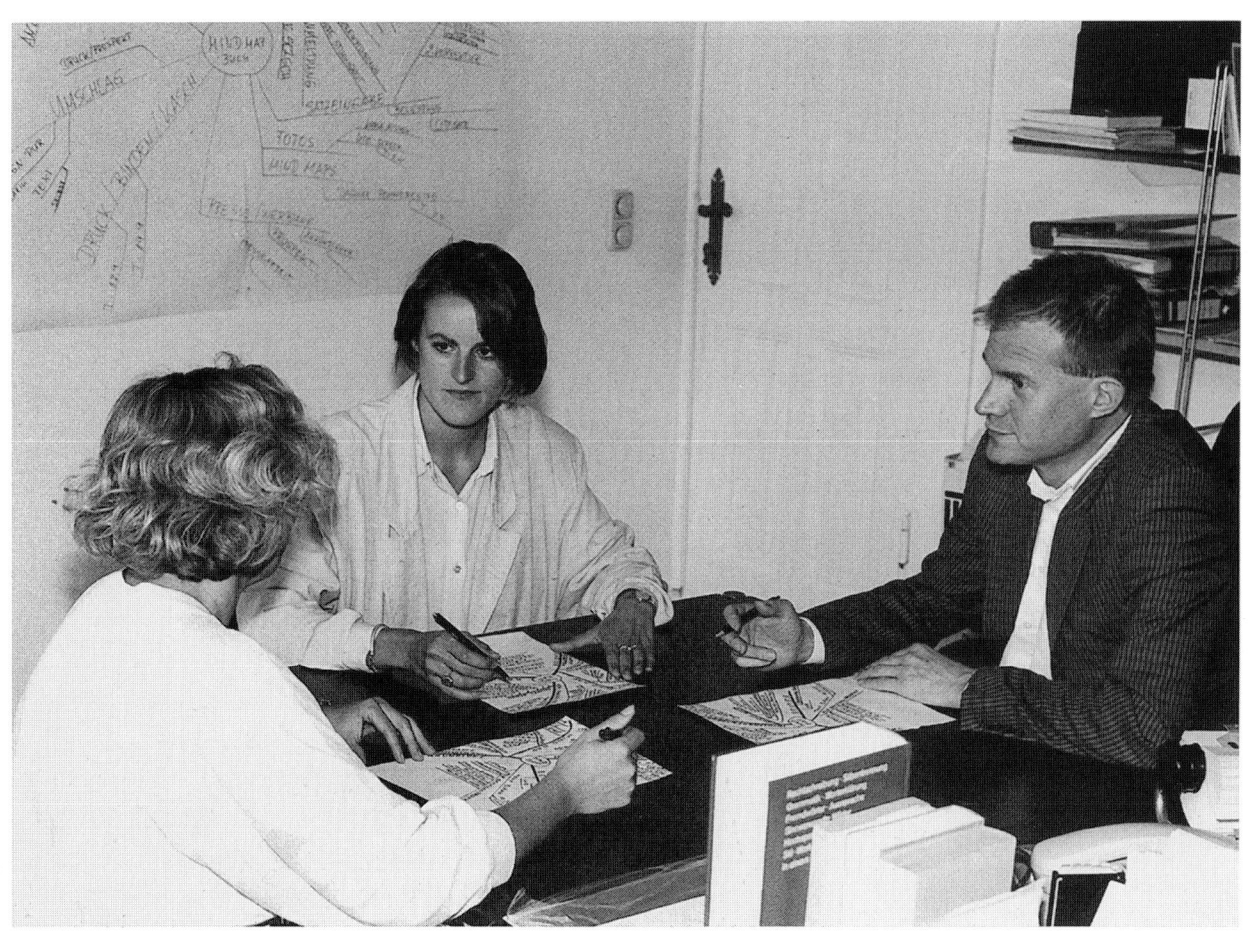

Platz für Ihr eigenes Mind-Map

REFERATE UND PROTOKOLLE

Wo Sitzungen stattfinden, müssen auch Protokolle geschrieben werden.

Die treffende und umfassende Wiedergabe von Ergebnissen einer vielleicht turbulenten Sitzung ist eine Kunst für sich. Das Sitzungsprogramm verlangt Zeit und noch mehr Konzentration.

Ablenkung erfährt eine Besprechung in ihrem Verlauf genug. Wer nicht gerade Stenographie beherrscht, kann in »heißen Phasen« der Diskussion allenfalls das Wichtigste in Stichworten und Halbsätzen festhalten.

Im Denken und Reden der Teilnehmer werden ihre grundsätzlichen Unterschiede deutlich. Wer mehr die Fähigkeiten seiner rechten Gehirnhälfte einsetzt, versucht natürlich, die großen Zusammenhänge zu sehen. Das Ganze geschieht oft in einer emotional aufgeladenen und beschwörenden Stimmung. Wer sich hingegen mehr auf seine linke Gehirnhälfte verläßt, wird sich wahrscheinlich mehr unter Kontrolle haben, zielorientiert analysieren und mit Vorliebe Details diskutieren.

Kein Kinderspiel für den Protokollanten.

Erst nach der Sitzung entsteht die Zusammenfassung aus den mehr oder weniger klaren Notizen. Zudem muß das Problem der Unterschiedlichkeit von Schrift- und Umgangssprache gelöst werden.

Oft sind Protokoll-Notizen verwirrend und undurchsichtig. Immer wieder besteht die Gefahr, nicht das Wesentliche der Sitzung wiederzugeben, sondern den turbulenten Verlauf ohne schlüssige Ergebnisse zu rekapitulieren. So etwas sollte auf jeden Fall vermieden werden.

Keine Frage – Mind-Maps sind auch hier das Richtige.

Mit ihrer Hilfe bleibt dem Protokollführer immer noch Zeit, selbst den Wortbeiträgen zu folgen. Die einzelnen Statements werden sofort systematisch erfaßt und in die Struktur integriert. Stichworte genügen, um später die dazugehörenden Gedankenbilder wachzurufen. Auf dieser Grundlage entsteht anschließend das herkömmliche Protokoll viel leichter.

Der Protokollführer ist mit diesem Verfahren nicht länger als aktiver Diskussionsteilnehmer ausgeschlossen. Das entstehende Mind-Map kann nützlich eingesetzt werden, wenn Unklarheiten auftreten und Querverweise gezogen werden müssen. Der Protokollant kann somit helfen, das schwierige Geschäft der Sitzungsleitung zu erleichtern.

Was laut Beschluß nicht im fertigen Protokoll erscheinen soll und darf, kann im Mind-Map mühelos und übersichtlich farbig, wellenförmig oder symbolisch markiert werden.

Auch Redebeiträge, die an vorher Gesagtes anschließen, lassen sich im Mind-Map einfach lokalisieren und festhalten. Bei umfangreichen Tagesordnungen sollten, um die Übersicht zu erleichtern, eventuell mehrere Mind-Maps angefertigt werden.

In diesem Fall wird die Protokollführung natürlich etwas von der schnellen Gesamtübersicht verlieren. Sie muß in mehreren Mind-Maps blättern, wenn Rückbezüge notwendig sind. Dennoch sollte in diesen Fällen kein größeres Format als DIN A 4 für das Mind-Map gewählt werden. Dieses Format läßt sich gleich im Anschluß an die Sitzung einfach für alle interessierten Teilnehmer fotokopieren.

Mind-Maps als systematische Manuskriptvorlagen bewähren sich beispielhaft bei der Vorbereitung von Protokollen und Referaten. Die ungeliebte Pflicht geht leichter von der Hand, und der Text wird schlüssiger formuliert sein. Mit etwas Übung kann man schließlich das Mind-Map direkt ins Diktiergerät »übersetzen«.

Platz für Ihr eigenes Mind-Map

ANALYSEN UND ANALYTIKER

Analysen sind heutzutage fast in allen Bereichen des Lebens gefragt: Es gibt Markt- und Bilanzanalysen, chemische Analysen, Sozial- und Psychoanalysen usw.

Analysen wollen im allgemeinen Lebens- und Orientierungshilfen geben. Fragestellungen werden strukturiert, Zusammenhänge ermittelt. Informationen, zu- und untergeordnet. Beobachtungen müssen registriert und Resultate gesammelt werden. Die Ergebnisse erscheinen in Berichten, Schaubildern und Statistiken. Die EDV hilft heute bei fast allen Aufgabenstellungen. Schließlich erfolgt die Auswertung der Ergebnisse. Daraus ergeben sich Handlungsanweisungen und Tips.

Im Vorfeld jeder Analyse müssen Arbeitshypothesen erstellt, Fragestellungen verfeinert und Aufgaben verteilt werden. Dabei erscheint es oft unerläßlich, Ausgangspunkte immer wieder neu zu formulieren.– Auch hier helfen Mind-Maps.

Sämtliche Einzelaspekte der Analyse können methodisch gegliedert und in ihren Zusammenhängen dargestellt werden, ohne daß lange Texte erforderlich wären. Nichts braucht mehr umgeschrieben zu werden. Das Schaubild erfaßt alle Zusammenhänge. Alle Daten und Einzelinformationen sind systematisch erfaßt und mit einem Blick überschaubar.

Wenn sich neue Erkenntnisse ergeben oder Umstellungen notwendig werden - das Mind-Map ist flexibel, nach allen Seiten erweiterbar und bleibt immer übersichtlich.

Mit diesen Leistungen erleichtern Mind-Maps auch die Kommunikation zwischen Analytiker und Untersuchungs-Pannel.

GELDANLAGEN ANALYSIERT

Geld verdienen ist eine Sache, aus Geld mehr Geld durch geschickte Anlagen zu machen und sich gegen die Unwägbarkeiten des Schicksals optimal abzusichern, eine andere. Es ist eine Kunst, sich für die richtigen Möglichkeiten zu entscheiden und die Faktoren Sicherheit, Rendite und Flexibilität auf einen Nenner zu bringen. Immer wieder muß man jedoch zuerst die einzelnen Anlageformen und die persönlichen Bedürfnisse analysieren. Auch wenn man sich durch Fachleute beraten läßt, ist ein eigenes Mind-Map eine gute Entscheidungsgrundlage.

Zunächst kann man die verschiedenen, für den eigenen Lebensbereich realistisch erscheinenden Anlagen auf die Hauptäste eintragen. Die Zweige erfassen die speziellen Varianten. Schnell kann dann die derzeitige Situation analysiert werden:

Was ist wo angelegt? Gegen welche Risiken gibt es Absicherungsmöglichkeiten? Welche davon sind bereits wahrgenommen, welche sollten noch getroffen werden? Welche Verpflichtungen bestehen? Welche Beträge stehen regelmäßig, welche gesondert zu bestimmten Zeitpunkten in der Zukunft zur Verfügung? Ist ein Hausbau, der Kauf einer Wohnung oder sind größere Renovierungsmaßnahmen geplant? Welche Politik soll bei Renditeanlagen verfolgt werden? Welche neuen Engagements und Veränderungen sind sinnvoll?

Wenn Sie Ihr Geld-Mind-Map groß genug und geschickt anlegen, werden Sie noch in vielen Jahren Ihre Freude daran haben.

Natürlich muß sich dieses Mind-Mapping nicht auf Geldanlagen beschränken. Steuerangelegenheiten und Rentenfragen bieten sinnvolle Ergänzungsmöglichkeiten.

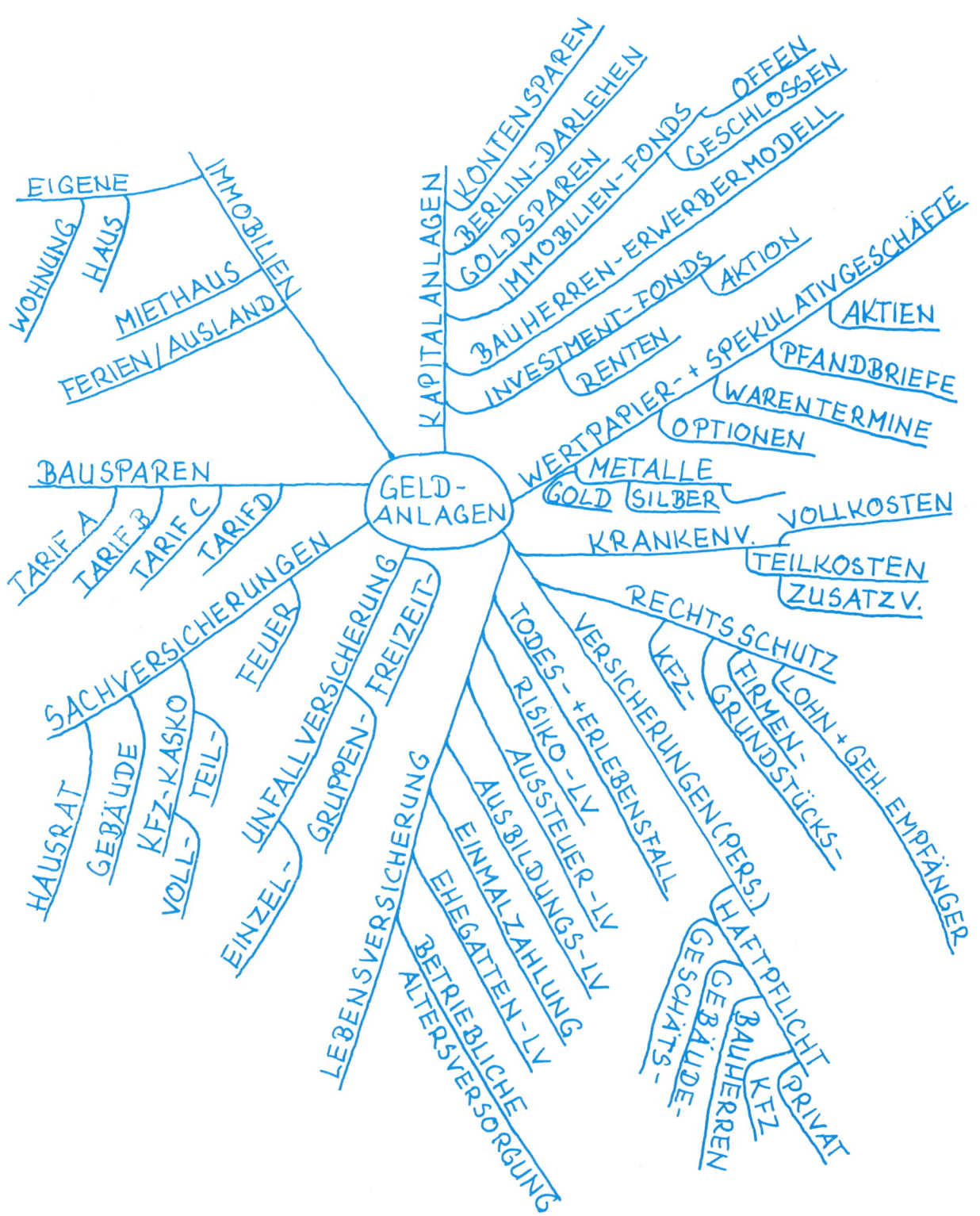

Platz für Ihr eigenes Mind-Map

INTERVIEWS

Bei diesem Begriff denken die meisten wohl zuerst an Journalisten und Reportagen, bei denen Informationsgespräche die Grundlagen bilden. Egal, ob es sich um Darstellungen für die Zeitung, den Hörfunk oder das Fernsehen handelt.

Doch auch in anderen Berufssparten oder selbst im Alltagsleben kommt es immer wieder zu Interview-Situationen. Ein Beispiel bildet das Bewerbungsgespräch, mit dem wir uns im folgenden näher beschäftigen.

Wer eine Arbeitsstelle besetzen möchte, kann heute meist aus einer Anzahl von Bewerbern wählen. Doch wer ist die oder der Richtige? Das Bewerbungsgespräch muß genügend Informationen erfassen, um den besten Kandidaten oder die geeignete Kandidatin zu finden.

Viele Bewerbungsgespräche werden nach einem vorgegebenen Schema geführt. Die Daten der Bewerber, die in den einzelnen Gesprächen als Grundlage dienen, liegen schriftlich vor. Das Gespräch selbst orientiert sich ebenfalls an einem Leitfaden, wobei trotz aller Standardisierung während immer eine besondere, ganz individuelle Atmosphäre entstehen sollte.

Die anschließende Beurteilung des Informationsgespräches wird wiederum schematisch dargelegt. Sobald jedoch in einer zweiten Runde verschiedene Bewerber erneut zu einem Gespräch eingeladen werden, wachsen wahrscheinlich bald die Formularbögen zu einer unübesichtlichen Menge an. Ganz wichtige Details drohen verloren zu gehen.

Das Mind-Mapping-Verfahren ist bei der Vorbereitung, Durchführung wie auch bei der Auswertung von Bewerbungsgesprächen von Nutzen. Es kann dabei sowohl ausschließlich als auch in Ergänzung mit schematisierten Formularen eingesetzt werden.

VORBEREITUNG

Bereits vor dem eigentlichen Bewerbungs-Termin kann ein Mind-Map mit sämtlichen Kerndaten entstehen. Sie führen zu den Schlüsselworten: Ausbildung, Herkunft und Personaldaten.

Wahrscheinlich werden sich erste Fragen, die während des Gespräches beantwortet werden sollen, schon beim Eintragen der Stichworte auf Haupt- und Nebenäste stellen. Sie können gleich ins Mind-Map eingetragen werden. Auch die Antworten können bereits eingeplant werden: Der Nebenast mit der Frage enthält ein zusätzliches Hinweissymbol und/oder einen zusätzlichen (noch leeren) Ast.

Um aus Arbeitgebersicht den eigenen Betrieb vorzustellen und die ausgeschriebene Stelle zu beschreiben, empfiehlt es sich, ein gesondertes Mind-Map anzulegen.

DAS BEWERBUNGSGESPRÄCH

Je entspannter und individueller die Atmosphäre, desto eher wird ein offenes Gespräch stattfinden. Der Bewerber wird sich zunehmend öffnen, und es wird zu einer angeregten, informativen Unterhaltung kommen.

Das Mind-Map zur Firmenstruktur gibt dem Gesprächsleiter einen sicheren Leitfaden in die Hand, der ihm jederzeit Orientierung bei seiner freien Darstellung ermöglicht. Beste Voraussetzung also, um viele Informationen zu geben und selbst zu erhalten.

Das Mind-Map zur Berwerbung gibt dem Gesprächsleiter Zeit zum Zuhören, Beobachten und zur ersten Einschätzung seines Gegenübers. Antworten werden, ohne daß die Übersicht über das Gespräch verloren geht, in die vorhandene Struktur eingetragen. Einzelne Fragen können jederzeit vertieft werden. Jeder Hinweis bekommt schnell seinen Platz im Mind-Map zugeordnet. Das Gespräch verläuft die ganze Zeit mühelos und ist ganz individuell auf den Bewerber zugeschnitten.

BEURTEILUNG

Bevor das Ergebnis der Beurteilung formuliert wird, kann das Bewerber-Mind-Map um einen weiteren Hauptast erweitert werden. Dieser nimmt Informationen zum Erscheinungsbild, zu Haltungen und persönlichen Fähigkeiten auf.

Erst jetzt ergibt sich ein umfassendes und schnell überschaubares Gesamtbild des Kandidaten. Alle Daten sind gesammelt, der Gesprächsverlauf kann jederzeit in seinen Entwicklungsstufen über die Mind-Map-Struktur nachvollzogen werden. Das Gesamtbild bietet somit eine ideale Entscheidungsgrundlage. Bei mehreren interessanten Bewerbungen kann außerdem schnell ein Vergleich gezogen werden.

Die Mind-Maps leisten zudem eine bedeutende Hilfestellung, wenn es darum geht, die Ergebnisse der Bewerbungen in schriftlicher oder mündlicher Form der Betriebsleitung zugänglich zu machen.

Für den Fall, daß ein Bewerber zu einem zweiten Vorstellungstermin gebeten wird, erhält das Mind-Map jeweils weitere Haupt- und Nebenäste sowie zusätzliche Verästelungen oder Farbsymbole.

BEISPIEL: BEWERBUNG
In unserem Beispiel sucht ein Personalchef eines großen Betriebes eine/n Mitarbeiter/in für das Büro. Eine Vielzahl von Bewerbungen sind eingegangen. Mehrere Gesprächstermine sind vereinbart.

Sämtliche Phasen der Bewerbungsaktion sind in einem Mind-Map zusammengefaßt. Die Angaben über die eigene Firma und die Aufgabenbeschreibung liegen als Fotokopien vor, da sie ja in allen Gesprächssituationen gleich sind. Der individuelle Teil der Bewerbungsgespräche ist für die linke Bogenseite vorgesehen.

73

Platz für Ihr eigenes Mind-Map

ZEITPLANUNG

Der Bedarf an methodischer Zeitplanung ist in den letzten zehn Jahren enorm angestiegen.

Das Angebot an Orientierungskursen wächst ständig. Die Nachfrage ist groß: optimale Zeiteinteilung, besondere Aspekte der Trennung von Arbeitsleben und Freizeit wollen gelöst werden.

Im Berufsalltag wie im Familienleben benutzen viele schon lose Blätter, um all das festzuhalten, was wichtig erscheint. Notizbücher, deren Blätter mit unendlich vielen Notizen im Laufe der Zeit zu Schmierzetteln werden, verlieren mehr und mehr an Beliebtheit.

Ein »ZEIT-System« sorgt für Abhilfe.

Das »ZEIT-System« besteht im allgemeinen aus zwei Teilen: erstens aus einem Kalendarium, zweitens aus einer individuellen Systematik. Das flexible Kalendarium gibt verschiedene Möglichkeiten der Zeiteinteilung vor, die sich an Zeit-Größen und Planungs-Bedarf orientieren. Der zweite Teil wird nach einer mehr individuellen Systematik aufgebaut. Ziele und Aufgaben, Projekte, Funktionen, Mitarbeiter, Verbindungen und Daten aus dem privaten Lebensbereich können dort überschaubar festgehalten werden.

Meist wird dabei wieder zwischen Zielsetzungsformularen und Handlungsplanungs-Unterlagen unterschieden.

Planung, Analyse, Realisierung, Programm-Sitzungen, Gespräche: all das geht oft Hand in Hand und muß koordiniert werden. Präferenzen ändern sich während solcher Prozesse und neue Impulse und Zielsetzungen kommen hinzu. Wie leicht kann bei einem solchen Vorgang der Überblick verloren gehen, wenn nicht Daten und Fakten nach wichtigen Schlüsselworten

neu übertragen werden. Oft wird das versäumt und dann ärgert man sich über die Unübersichtlichkeit der Planung.

Wer Planungs-Systeme benutzt, findet gerade unter diesem Aspekt in Mind-Maps eine durch nichts zu ersetzende Unterstützung. Ein Mind-Map sichert dank seiner Flexibilität und jederzeitigen Ausbaumöglichkeit den Überblick von der ersten Ideensammlung bis zur abschließenden Erfolgskontrolle. Alle guten Systeme haben Blankoformulare. Sie laden geradezu zum Mind-Mapping ein. Bei einem DIN A5 Blatt, das man ausklappen kann, haben Sie ausreichend Platz für ein schon recht komplexes Mind-Map. Und wenn das Projekt größer wird, können Sie leicht ein oder zwei Blätter ankleben.

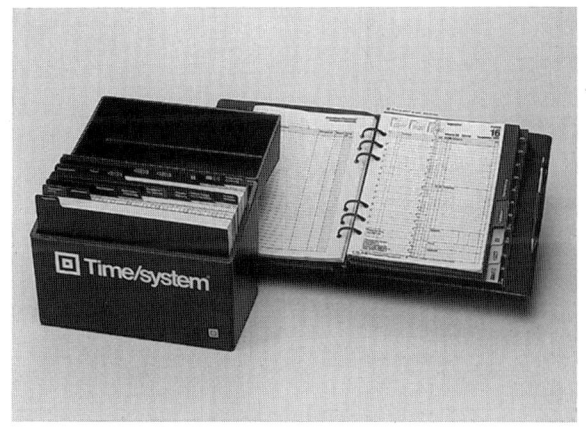

KONDITIONSTRAINING

Unser Beispiel handelt von einem alten »System-Hasen«. Dieser hat sich unter dem Schlüsselwort PERSÖNLICHKEITSENTWICK-LUNG für Konditionstraining entschieden. Ab Neujahr wird als erstes und zum wiederholten Mal das Rauchen aufgegeben.

Mit seinem Freund Fritz wird ein Badminton-Termin am Samstagvormittag verabredet. Voraussetzung ist natürlich, daß der gewünschte Verein zu diesem Zeitpunkt noch einen Platz zu vergeben hat. Auf dem Ast BADMINTON (1 Uhr) erscheint der Nebenast ANMELDUNG. Etwaige Form a-litäten sind darin eingeschlossen.

Falls weitere Aktivitäten geplant sind, ist noch Platz genug für zusätzliche Ein-tragungen.

Im weiteren Verlauf können weitere Termine ins »ZEIT-System« übertragen werden. Wa s bereits aufgenommen ist, kann wiederum wellenförmig oder rotfarbig gekennzeichnet werden. Gleichzeitig bleibt das Mind-Map selbst offen für weitere Zusätze, falls das Konditionsprogramm ausgebaut wird.

Sicherlich müssen Ernährungsgewohnheiten (8 Uhr) geändert werden. Dafür muß entsprechendes Grundwissen gesammelt werden, d. h. Literaturhinweise werden in das Mind-Map eingetragen.

Das Körpergewicht muß kontrolliert werden! Jede Woche soll die Waage ein Kilo weniger anzeigen. Fortschritte in diesem Punkt können auf Nebenästen anschaulich und jederzeit kontrollierbar eingetragen werden.

Platz für Ihr eigenes Mind-Map

QUALITÄTSZIRKEL

Zur Verbesserung und Optimierung innerbetrieblicher Strukturen wurden in den letzten Jahren neue methodische Wege beschritten. Seit etwa zehn Jahren werden in Japan die sogenannten »Qualitätszirkel« mit Erfolg praktiziert.

Zu solchen Verfahren sind auch in Europa Industriebetriebe und Dienstleistungsunternehmen übergegangen. Die Bildung eines »Qualitätszirkels«, einer relativ kleinen Gruppe von Mitarbeitern, hat immer ein bestimmtes, konkretes Thema zum Anlaß, vorwiegend die Verbesserung eines Produktes, einer Produktlinie oder Dienstleistung. Die Erfahrung hat gezeigt, daß es im Verlauf einer Zusammenarbeit darüberhinaus auch zu einer Verbesserung der innerbetrieblichen Kommunikation und zu einer betriebsorientierten Bewußtseinsbildung im Hinblick auf Gesamtzusammenhänge, Bedürfnisse der Kunden und Optimierung der Arbeitserledigungen und Arbeitsprozesse kommt.

WAS IST EIN »QUALITÄTSZIRKEL«?

Eine Gruppe von Mitarbeitern kommt regelmäßig zusammen, um innerbetriebliche Möglichkeiten zur Optimierung zu erörtern. Im allgemeinen handelt es sich um eine Gruppe von höchstens zwölf Personen, die täglich im gleichen Betriebsbereich tätig sind. Sie arbeiten zum Teil zusammen und sind mit den gleichen praktischen Problemen vertraut.

ARBEITSWEISE

Die Mitgliedschaft ist freiwillig. Die Gruppenarbeit erfolgt nach innerbetrieblichen Bestimmungen und internen Regeln, die allen Mitgliedern bekannt sind.

Die Gruppe bestimmt selbst, welche Aspekte und Probleme erörtert werden. Sie entscheidet ebenfalls über die Reihenfolge der Diskussion, wenn die Themen aus dem eigenen Arbeitsbereich stammen. Als Gruppenleiter fungiert der/die jeweilige Abteilungsvorgesetzte, der/die in Problemanalyse und Gesprächsführung vor Beginn der Zusammenarbeit geschult werden sollte. Aufgabe der Gruppenleitung ist es, die Verbesserungsvorschläge ihrer Abteilung gegenüber der Firmenleitung zu vertreten.

Die Sitzung verläuft nach festen Regeln: Alle Teilnehmer sollen pünklich erscheinen, über die Dauer der Zusammenkunft wird zu Beginn entschieden.

Methodische Hilfsmittel, Übersichts- und Orientierungstafeln helfen der Gruppenleitung, allen Teilnehmern jederzeit den Stand der Diskussion zu erläutern.

Die Diskussionsleitung sollte aufmerksam mit Gesprächsdominanzen einzelner und und Zurückhaltung anderer umgehen. Jeder sollte sich beteiligen und so hat es sich bewährt, das Thema einfach reihum gehen zu lassen. Wenn schließlich niemand weitere Anmerkungen zu einem Thema machen möchte, so liegt es bei der Gruppenleitung, das Ergebnis zu formulieren.

PRÄSENTATION VOR DER FIRMENLEITUNG

Ist ein Problem gründlich diskutiert und auch ein Lösungsvorschlag formuliert, so ist es Aufgabe der Gruppenleitung, das Ergebnis gegenüber der Firmenleitung zu vertreten. Es bietet sich an, die methodischen Hilfsmittel aus der Gruppensitzung dabei einzusetzen.

Die Firmenleitung wird die Verbesserungsvorschläge beurteilen und bei positiver Entscheidung gegebenenfalls der Gruppe den Auftrag zur selbstständigen Durchführung erteilen.

Arbeiten in einer Firma mehrere »Qualitätszirkel«, ist es sinnvoll, für die notwendige Koordination zu sorgen. Für diese Aufgabe kann eine spezielle Gruppe verantwortlich sein.

Die innerbetriebliche Strukturverbesserung bietet folgende Vorteile:

Die Teilnahme ist freiwillig. Es besteht also für jeden die Möglichkeit, eigene Arbeitsprobleme zu lösen. Ein systematisierter Sitzungsverlauf sichert schnelle Resultate. Sobald die Firmenleitung die Verbesserungsvorschläge in die Praxis umsetzt, wächst die Motivation der einzelnen Mitarbeiter.

Die innerbetrieblichen Strukturverbesserungen werden nicht nur die Qualität der Produkte oder Dienstleistungen verbessern, sondern sich auch positiv für das Arbeitsklima während der Zusammenarbeit bemerkbar machen.

VORZÜGE

Die einleuchtenden und einfach nachzuvollziehenden Prinzipien der »Qualitätszirkel« bedingen sicherlich den durchschlagenden Erfolg dieser Methode in Japan.

MIND-MAPS IM QUALITÄTSZIRKEL

Ziel des »Qualitätszirkels« ist eine Problemlösung, die in die Praxis umzusetzen ist. Methodische Hilfsmittel und ein reibungsloser Diskussionsverlauf sind dabei wichtige Voraussetzungen für eine fruchtbare Erörterung.

Auch hierfür bietet sich wieder das Mind-Mapping an. Dieses Verfahren kann selbstverständlich wieder neben traditionellen Methoden eingesetzt werden. Es hilft bei der Strukturierung von Problemstellungen, als übergeordnetes Steuerungssystem für geplante Projekte und auch als Protokoll der Meinungsbildung und Entscheidungsfindung.

Das Mind-Map erleichtert wesentlich die Aufgaben der Gruppenleitung: bei der Vorbereitung der Sitzung sowie bei deren Leitung. Alle Phasen des Verlaufs werden durch das Mind-Mapping gestützt.

Die Gruppe kann sich auch entschließen, die Mind-Maps auszustellen und mit anderen darüber zu sprechen, was sie gegebenenfalls ergänzen möchten. Auch können Interessierte anhand der Mind-Map-Strukturen die Ergebnisse nachvollziehen, oder die Firmenleitung wird mit Hilfe des Daten-Bildes informiert.

»Qualitätszirkel« sind schon von ihrer Konzeption her kreativ. Das Mind-Mapping wird zusätzlich dafür sorgen, daß vorhandene Phantasie mobilisiert wird.

Beim Mind-Mapping können beliebig viele Papierbögen je nach Bedarf zusammengeklebt werden. Sie können Wandtafeln und Overhead-Projektor ergänzen oder ersetzen.

Als Erleichterung für die Aufgabe der Gruppenleitung dient auch das »Glücksrad«. Ein großes kreisrundes Stück Pappe wird an die Wand genagelt und kann nach Bedarf gedreht werden, um Verästelungen und neue Haupt- und Nebenzweige einzutragen. Niemand muß sich in akrobatischen Kopfverrenkungen üben.

»QUALITÄTSZIRKEL« – EIN BEISPIEL

Dieses Beispiel führt in die Arbeit von Qualitätszirkeln ein. Unser Mind-Map kann eingesetzt werden, um interessierten Mitarbeitern, Freunden oder Vorgesetzten die Prinzipien und Funktionen des Verfahrens zu erläutern.

Hervorragend eignet es sich natürlich dazu, die Einzelheiten aufzuzeichnen, die von den Teilnehmern des Zirkels hinsichtlich der Ziele, Durchführung und Spielregeln der Treffen vereinbart werden.

Ein großformatiges Mind-Map prägt sich besser ins Gedächtnis ein. Es kann bei den ersten Treffen immer wieder mitaufgehängt werden, so daß die Erinnerung über die Prinzipien und die getroffenen Verabredungen bei allen Teilnehmern immer wieder aufgefrischt werden kann.

Es ist für den Leiter des Zirkels leicht, aus einzelnen Schlüsselwörtern ein neues Mind-Map abzuleiten, wenn er einzelne Gebiete, wie z. B. Vorbereitung oder Durchführung der Treffen, vertiefen will.

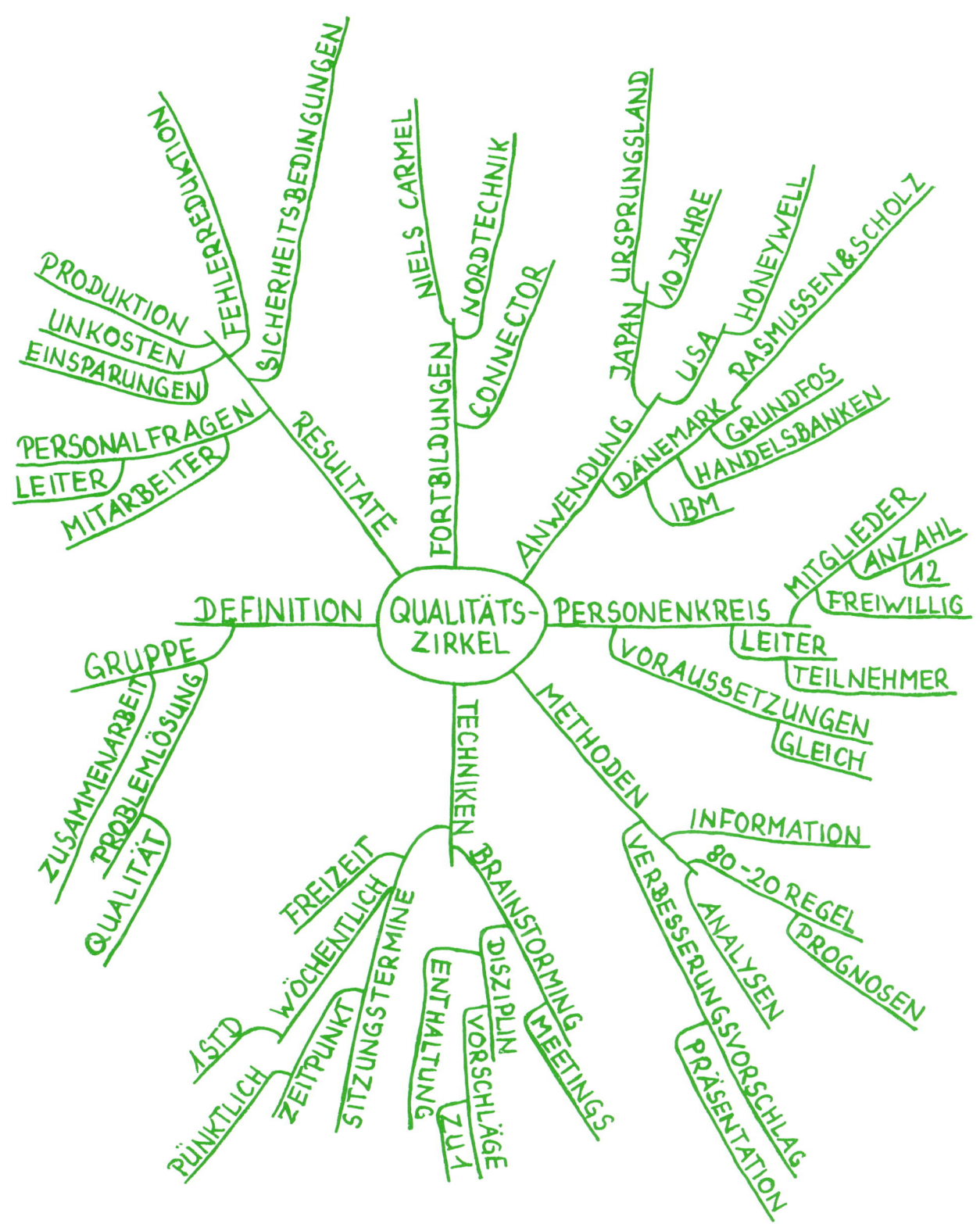

Kapitel 3

MIND-MAPS
IM ALLTAG

Im folgenden geht es um einige Beispiele aus dem Alltagsleben. Sie zeigen, wie vielfältig und phantasievoll Mind-Maps in allen Größen sein können.

WERBUNG

So wirbt eine Gastwirtschaft auf ihre n Streichholzheftchen mit Hilfe eines Mind-Maps. Farbenfrohe Schlüsselworte und Symbole zeigen, was die Besucher erwartet.

REITEN

Dieses Mind-Map strukturiert das Thema REITEN als Freizeithobby. Die verschiedenen Äste und Nebenäste zeigen auf, welche Dinge ein Reiter braucht und welche Voraussetzungen und Konsequenzen er bedenken muß, wenn er ein eigenes Pferd hat.

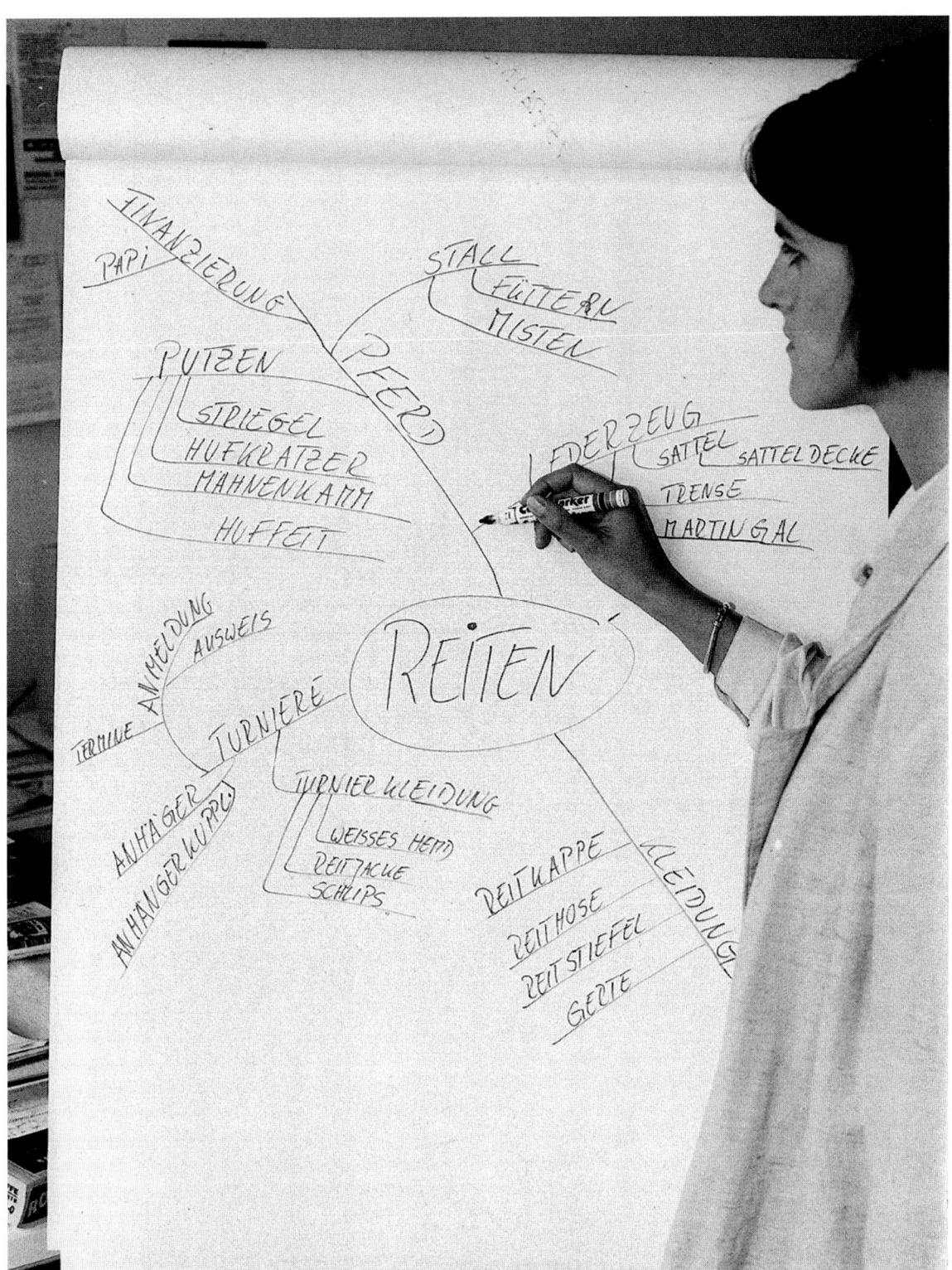

89

TRANSAKTIONSANALYSE

In diesem Beispiel wird ein dreitägiger Transaktionsanalyse-Kurs in einem Mind-Map verarbeitet. In das grob vorgegebene Mind-Map können die Teilnehmer während und nach dem Kurs ihre eigenen Aufzeichnungen einfügen. So wird das Gelernte schnell und übersichtlich auf einen Blick erfaßt.

TRANS-
AKTIONS-
ANALYSE

PSYCHOLOGISCHER BEDARF
- STROKES
  - STIMULANZ
  - STRUKTUR
  - BEOBACHTUNGEN
  - BERÜHRUNGEN
  - AUFMERKSAMKEIT

KÖRPERSPRACHE
- WORTWAHL
- TONFALL
- BEKLEIDUNG
- KÖRPERSTELLUNG
- ATMUNG

ICH
- KINDER-
- ELTERN-
- ERWACHSEN-

WELTBILD
- AUFHÄNGER
- BILDER
- WÖRTER
- ERFAHRUNG
- IMPULSE

EIGENART
- „ZUGPFERD"
- „RUNTERZIEHER"

AUGEN
BEWEGUNGEN

ORAKEL-
ÜBUNG
- WAS WILLST DU?
- WIE WILLST DU ES TUN?
- WANN WILLST DU ES TUN?

REISETAGEBUCH

Herbsturlaub auf Sylt: der topographische Umriß der Insel kann als Mittelkreis und Ausgangspunkt der Hauptäste fungieren.

Mehr noch als einfach Schlüsselworte werden hier Wortspiele, Farben und kleine Zeichnungen die Urlaubserinnerungen wachhalten.

Ferienfotos halten nur Momentaufnahmen fest. Das Mind-Map dagegen gibt einen Überblick über die ganze Woche mit ihren Erlebnissen und Unternehmungen.

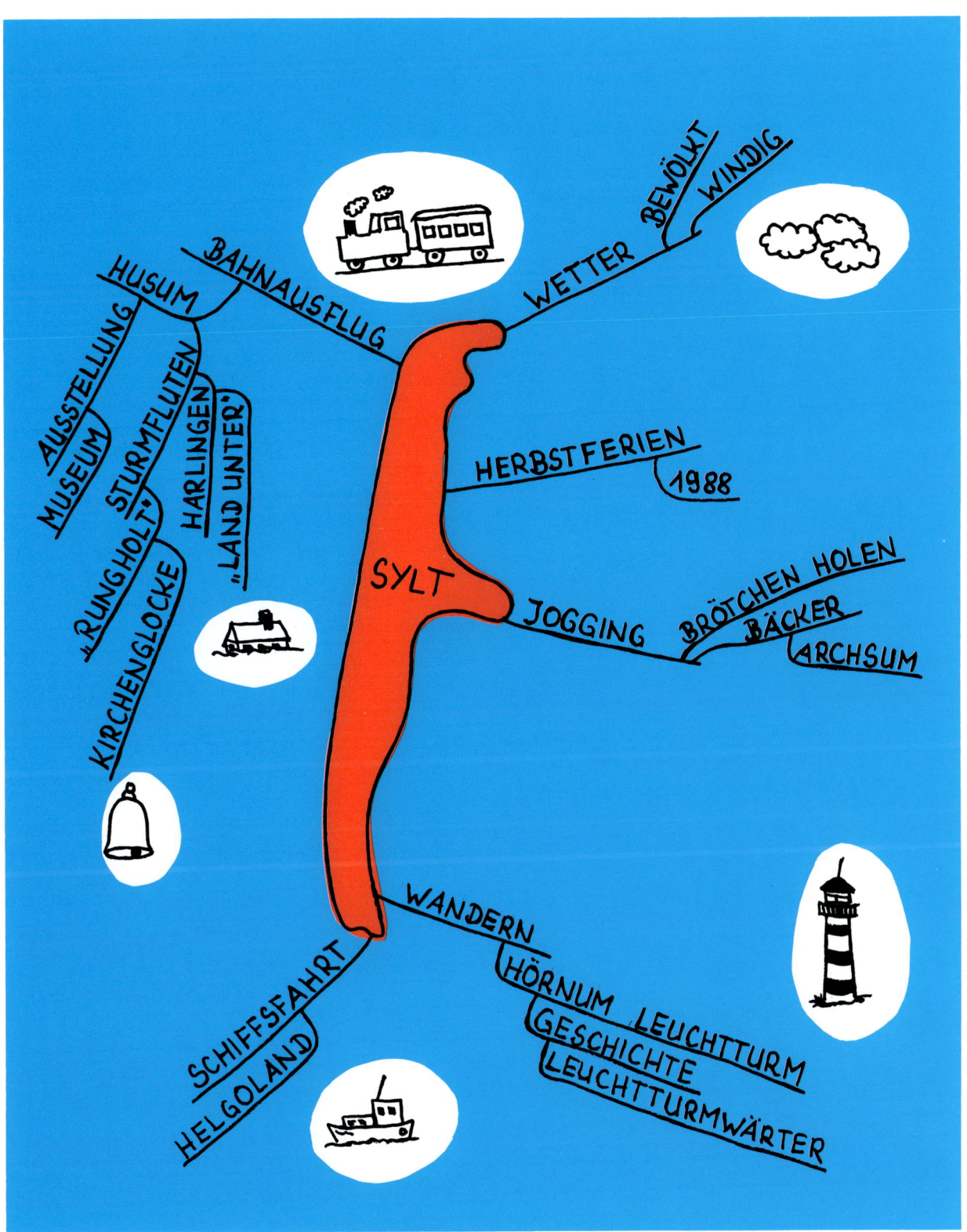

KINDERGEBURTSTAG

Unser Bild zeigt ein Geburtstagskind beim Mind-Mapping für die bevorstehende Feier. Wenn die Gäste kommen, ist alles bereit und der Spaß kann beginnen.

95

FORMSCHREIBEN, FORMELLES, FORMU-
LIERUNGEN,

*Dieses Beispiel verfolgt mehr einen formalen
Zweck. Es zeigt, daß die Beschriftungen von
Mind-Maps auch per Schreibmaschine
erfolgen kann – wenn man Zeit und Geduld
genug hat.*

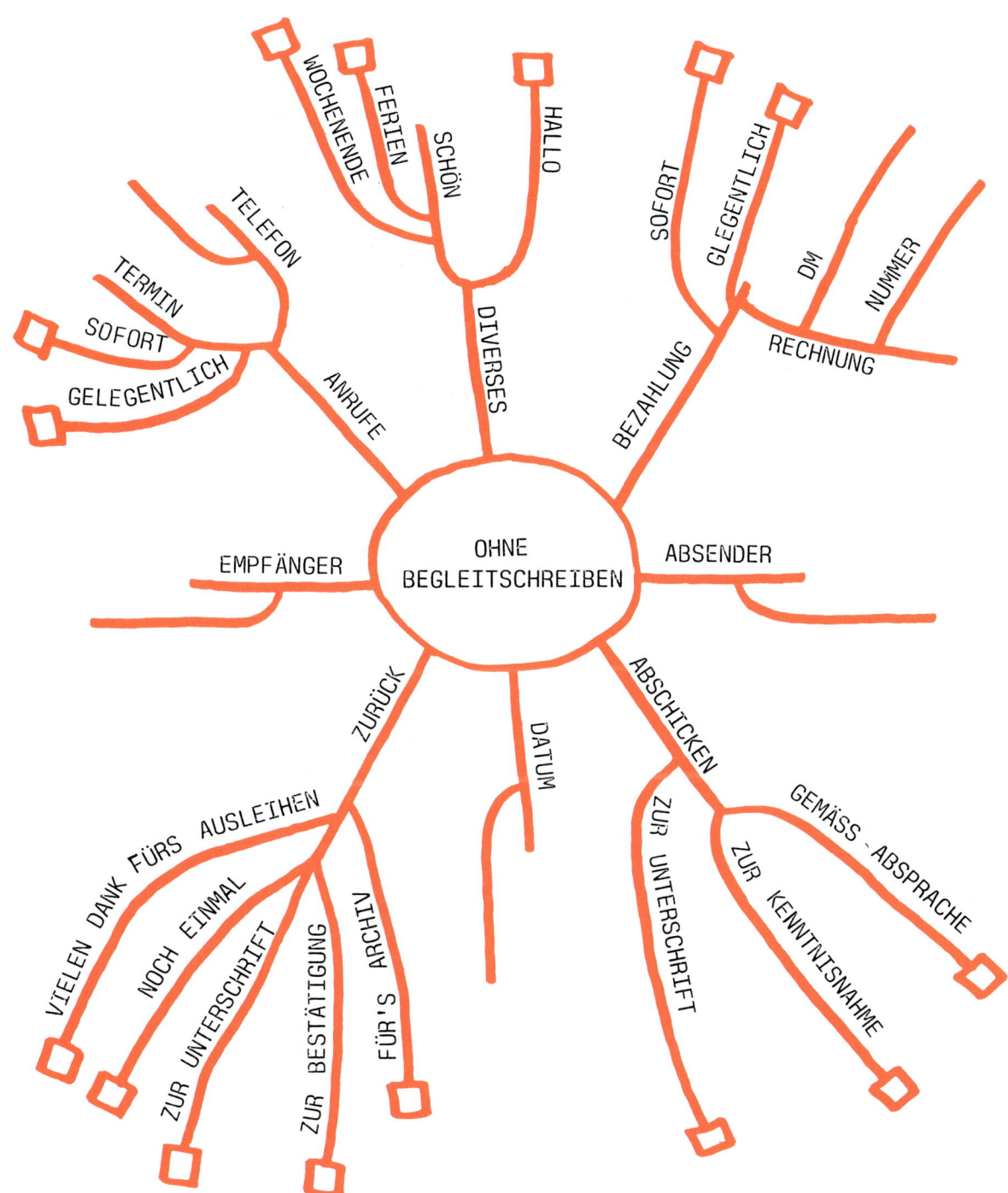

IN EIGENER SACHE: DIE PLANUNG EINES BUCHES (UR-FORM)

Die Vorbereitung, Herstellung und Herausgabe dieses Buches bedeutete für den Verfasser sein bislang umfangreichstes Projekt.

In mehr als 100 Mind-Maps sammelte er sämtliche Einfälle, die ihm seit der ersten Idee zu diesem Buch durch den Kopf gingen.

Sämtliche Details und Zusammenhänge der vorliegenden Arbeit wurden in einem Super-Mind-Map festgehalten.

Leider gibt es dieses gigantische Mind-Map nicht mehr. Es kam dem Autor während eines Seminars abhanden - trotz seiner Übergröße ...

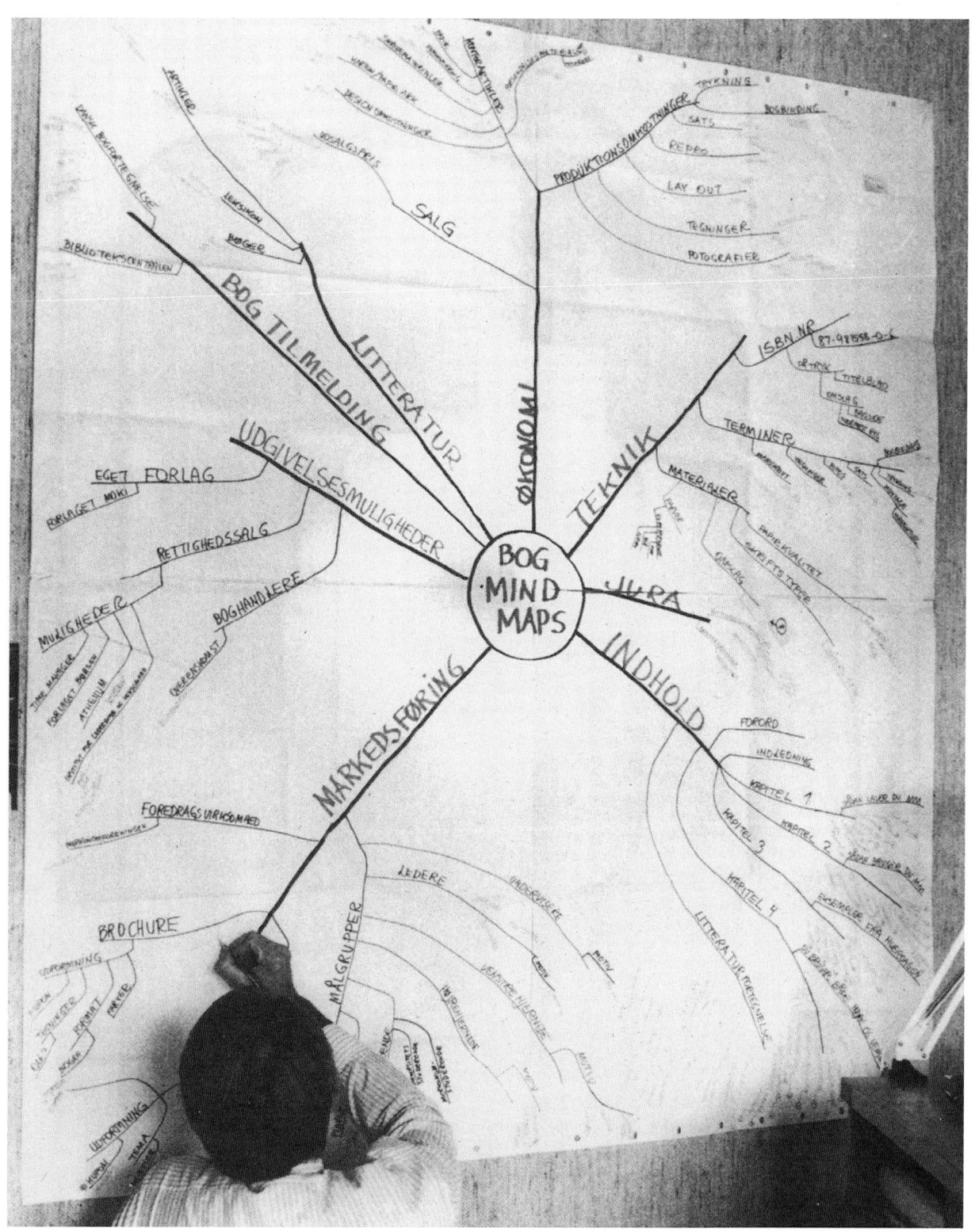

Kapitel 4

RECHTES UND LINKES GEHIRN

Das Gehirn arbeitet zweiseitig - die linke und die rechte Hälfte wirken dabei ergänzend zusammen.

Das Mind-Map-Verfahren berücksichtigt diese spezifische Zweiseitigkeit. Im folgenden Kapitel soll nun geklärt werden, welche grundsätzlichen Unterschiede zwischen rechter und linker Gehirnhälfte bestehen.

Damit haben wir uns nun bis zu den wissenschaftlichen Aspekten vorgearbeitet, die der Mind-Mapping-Methode zugrunde liegen.

Unser Großhirn verfügt über zwei Zentren: ein rechtsliegendes Zentrum, über das kreative Kräfte und Emotionen gesteuert werden, sowie über ein linksseitiges Zentrum, das für Logik und Rationalität zuständig ist.

Beim Mind-Mapping werden beide Zentren wechselseitig aktiviert.

ZUR NEUEREN GEHIRNFORSCHUNG

Allgemeine und besondere Funktionsweisen des menschlichen Gehirns beschäftigen die Forschung seit Jahrhunderten.

Der griechische Philosoph Hippokrates (400 v. Chr.) war einer der ersten, die behaupteten, daß der Mensch mit zwei Gehirnhälften ausgestattet sei. Diese zwei Zentren, so meinte schon Hippokrates, nähmen unterschiedliche Funktionen wahr.

Erst in den letzten drei Jahrzehnten ist dies nun tatsächlich im einzelnen von der wissenschaftlichen Gehirnforschung nachgewiesen worden. Gegenwärtig befinden wir uns in einer Zeit des Umbruchs: traditionelle Auffassungen von Gedächtnis- und Lernfunktionen sowie Kommunikationsstrukturen werden manchmal auf geradezu revolutionäre Weise revidiert.

Schon lange ist bekannt, daß das menschliche Gehirn in Groß- und Kleinhirn mit verlängertem Rückenmark differenziert ist. Das Großhirn selbst besteht in seiner äußeren Struktur aus zwei Halbkugeln, deren Oberfläche vielfach gefaltet ist.

Noch bis vor kurzem glaubten die meisten Wissenschaftler, beide Großhirnteile funktionierten auf die gleiche Weise. Sie würden sich lediglich durch die Steuerungsfunktionen hinsichtlich der linken und rechten Körperseite unterscheiden. Die neuen Forschungsergebnisse verweisen hingegen darauf, daß beide Großhirnhälften durchaus unterschiedliche Funktionen wahrnehmen, die über die einfache Links-Rechts-Trennung hinausgehen.

R. W. Sperry wurde für seine 20jährigen Forschungen über die unterschiedlichen Aufgabenverteilungen in den beiden Großhirnhälften im Jahre 1981 mit dem Nobelpreis für Medizin ausgezeichnet. Umfangreiche Untersuchungsreihen erklärten schließlich die Steuermechanismen des Großhirns hinsichtlich Motivations- und Handlungsfunktionen neu.

Das Großhirn des Menschen ist immer in Aktion: wenn er läuft, schwimmt, schläft, liest, lernt, zuhört, fernsieht oder einfach grübelt.

Aber nicht immer steuert das Großhirn uns auch in die gewünschte Richtung. Z. B. beim Lesen: Wer etwas lesen muß, was ihn jedoch nur wenig interessiert, schweift mit seinen Gedanken leicht ab. Bereits nach wenigen Zeilen wandern die Gedanken von dem ungeliebten Lesegegenstand ab und beschäftigen sich mit anderen Dingen. Da hilft nichts: Mit neuer Konzentration muß noch einmal von vorn begonnen werden.

Viele unserer eigenen Alltagsbeobachtungen finden durch die jüngste Gehirnforschung überraschende Erklärungen.

Beide Großhirnhälften dienen unterschiedlichen Funktionen! Wer kennt das nicht: In der Schule hatten einige Schüler immer eine besondere Begabung für Mathematik. Andererseits gab es immer schon diejenigen, die z. B. wunderbar und scheinbar mühelos Klavierspielen konnten, während der »Rechenkünstler« sich eher mit den Tasten abquälte.

Manche Leute können flüssig und zusammenhängend formulieren, während andere Schwierigkeiten haben, komplette Sätze zu bilden. Einige Menschen treffen ihre Entscheidungen ohne viele Grübeleien, andere können weder ja noch nein sagen. Manche brauchen zahlreiche Erklärungen, um etwas zu verstehen, was andere nach wenigen Sekunden begriffen haben.

WARUM?

Die neuere Forschung gibt die entscheidenden Antworten:

DAS RECHTSHIRN

Mit dem rechtsliegenden Hirnzentrum sind die visuellen Wahrnehmungsfunktionen verbunden. Hier werden alle Bilder registriert, die mit dem Auge aufgefangen werden. Diese Bilder können dann ein ganzes Leben lang erhalten bleiben.

Aus der rechten Gehirnhälfte melden sich auch unsere Gefühle. Momentanes Wohl- oder Unwohlsein, Vorlieben, Antipathien, Inspirationen u.v.m., die zum Teil aus tiefer liegenden Hirnregionen stammen, werden hier zu wahrnehmbaren Informationen verarbeitet.

Auch die sogenannte Intuition erfolgt über das Rechtshirn. Immer dann, wenn das Gefühl dominiert, tritt ausschließlich die rechte Großhirnhälfte in Aktion.

Schließlich sind über diesen Gehirnteil auch die kreativen Fähigkeiten zu aktivieren. Das Rechtshirn ist gefragt, wenn die Kräfte der Phantasie gefordert sind oder wenn eine Sache im Überblick betrachtet werden soll.

DAS LINKSHIRN

Mit Hilfe der linksseitigen Großhirnhälfte werden Sprachen und Daten gespeichert. Wie eine EDV-Anlage sammeln wir Zahlen, Formeln, Ergebnisse von Analysen und erlernen Techniken. Das Linkshirn arbeitet logisch. Es hilft Schlüsse ziehen, es bewertet Sachverhalte, mißt die Zeit und kombiniert Fakten. All das geschieht unter Ausschluß emotionaler und phantasievoller Kräfte.

Erlerntes wird über das Linkshirn gespeichert: Schul- und Fachwissen genauso wie handwerkliche Fähigkeiten oder mechanische Abläufe wie Schreibmaschine-Schreiben. Selbst Auto- und Fahrradfahren sowie die Techniken von Sportarten werden zu einem erheblichen Teil über das Linkshirn gesteuert und koordiniert.

Schließlich liegen im Linkshirn die wesentlichen Zentren für die Beherrschung der Sprache und des Lesens. Das gesamte Rüstzeug zur sprachlichen Kommunikation liegt hier verankert.

GEHIRNDOMINANZ

Jedes Großhirnzentrum arbeitet auf der einen Seite ganz unabhängig von dem anderen und erfüllt seine Funktionen. Auf der anderen Seite sind beide Gehirnhälften über einen dicken Nervenstrang, das Corpus callosum, miteinander verbunden. Auf diesem Wege wird das Faktenwissen mit dem kreativ-emotionalen Bereich gekoppelt und umgekehrt.

Inwieweit bei einem Menschen individuelle Schwerpunkte auf der rechten oder linken Gehirnhälfte festgelegt sind oder variabel bleiben, läßt sich bis heute noch nicht

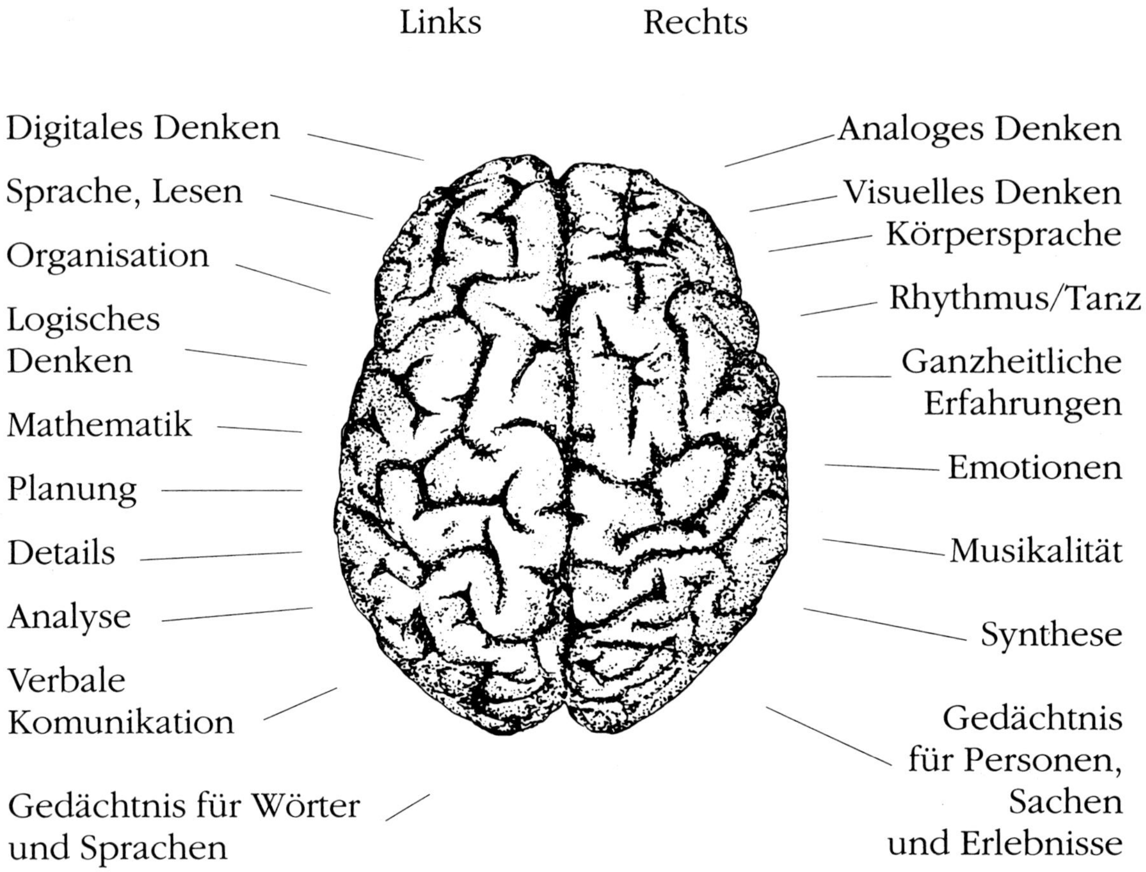

Links   Rechts

Digitales Denken — Analoges Denken

Sprache, Lesen — Visuelles Denken

Organisation — Körpersprache

Logisches Denken — Rhythmus/Tanz

Mathematik — Ganzheitliche Erfahrungen

Planung — Emotionen

Details — Musikalität

Analyse — Synthese

Verbale Komunikation — Gedächtnis für Personen, Sachen und Erlebnisse

Gedächtnis für Wörter und Sprachen

Beide Großhirnhälften sind im Hinblick auf bestimmte Funktionen spezialisiert.

Das linksseitige Zentrum ist zuständig für Sprache, Logik, Analysen, Fakten und Erfassen von Details. Hier finden wir das Gedächtnis für Sprache und Texte.

Das rechtsseitige Zentrum dagegen denkt in Bildern, sorgt für den Gesamtüberblick und ordnet allem Erlebten seinen spezifischen Gefühlswert zu. Es enthält das Gedächtnis für alles, was wir mit unseren Augen gesehen haben. Diese Seite des Gehirns versorgt uns mit Ideen und kreativen Impulsen.

Mind-Mapping von Mogens Kirckhoff

eindeutig nachweisen. Doch wissen wir, daß nur sehr selten beide Zentren gleich stark ausgeprägt sind. Wir können vielmehr im Alltag beobachten, daß von Persönlichkeit zu Persönlichkeit unterschiedliche Dominanzen der einen oder der anderen Seite bestehen. Viel spricht dafür, daß sich die Dominanzen im Laufe unseres Lebens verändern.

Kinder z. B. benutzen vorwiegend ihr Rechtshirn. Sie entwickeln zuerst kreative Fähigkeiten, bei der sie ihre Phantasie einsetzen können wie beim Singen, Spielen und Malen.

Aber sie können auch stillsitzen, wenn sie sich im Fernsehen einen spannenden Film ansehen oder in ihrem bunten Bilderbuch blättern. Aber immer ist es die Bilderwelt, die sie fesselt.

Mit dem Schuleintritt verliert das Rechtshirn seine Dominanz. Jetzt geht es ans Buchstabieren und Rechnen. Die Entwicklung linksliegender Gehirnfunktionen wird nun gefördert.

Schulkinder, die mittags nach Hause kommen, müssen oft mit ihren Eltern einen Kampf ausfechten: werden erst die Schularbeiten erledigt oder geht es direkt auf den Spielplatz?

Die Erziehung während der Schul- und Ausbildungszeit fördert vorwiegend die Entwicklung des Linkshirns. Wer in diesen Jahren ganz den Einflüssen der Schule unterliegt, ohne sich zu wehren, wird als Erwachsener wahrscheinlich unter einer Unterentwicklung des Rechtshirns oder einer Dominanz des Linkshirns leiden.

Viele männliche Führungskräfte weisen eine linksseitige Gehirndominanz auf. Sie haben langwierige Aus- und Fortbildungen absolviert sowie Examina abgelegt, in denen Lernstoff geprüft wurde, der mit dem linken Gehirn gelernt wurde. Für die Weiterentwicklung des Rechtshirns blieb dabei nicht viel Zeit.

Von dieser »Linkslastigkeit« sind Frauen und Führungskräfte der obersten Leitungsebene weniger betroffen, die immer wieder neu ihren Einfallsreichtum und ihr phantasievolles Organisationstalent unter Beweis stellen müssen.

Beide Großhirnhälften sind also vorwiegend mit ihren speziellen Funktionen beschäftigt. Das linksseitige Zentrum ist zuständig für Logik, Sprache, Analyse, Detailbewußtsein und Fakten.

Das rechtsseitige Zentrum dagegen nimmt die ideenspendenen Funktionen wahr. Es denkt in Bildern, sorgt in einer Situation für den nötigen Überblick und ordnet allem Erlebten seinen speziellen Gefühlswert zu. Erst durch die Verbindung des Corpus callosum erfolgt dann die emotionale Verknüpfung an Fakten und Daten, also eine Verbindung der rechtshirnigen mit den linkshirnigen Funktionen.

Typische Linkshirndominanzen zeigen Akademiker, Ingenieure, Juristen, Wirtschaftler und Naturwissenschaftler.

Eindeutige Rechtshirn-Dominanzen weisen Künstler wie Musiker, Maler und Literaten, aber auch Erfinder, Krankenschwestern oder Journalisten auf.

Zur Ermittlung entsprechender Dominanzen – oder auch ausbalancierter Gehirnfunktionen – dient der *Gehirndominanztest.* Zu seinen Ergebnissen gehören auch folgende Feststellungen: Personen mit Rechtshirndominanz lassen sich leicht von ihren Gefühlen leiten. Sie reden viel und oft einfach drauflos. Sie schätzen schöngeistige Literatur unter anderem deshalb, weil sie beim Lesen die Texte in Bilder umgestalten können.

Derartige Tests finden Sie z.B. in den im gleichen Verlag erschienenen Büchern: »Lernen kann phantastisch sein« von Barbara Meister Vitale und »Intuitives Management« von Weston H. Agor.

Hingegen bevorzugen Personen mit Links-hirndominanz meist Fachliteratur. Bevor sie eine Entscheidung treffen, sammeln sie alle verfügbaren Fakten. Sie verschaffen sich selten über das Rechtshirn den großen Überblick. Geistig sind sie oft eher unbeweglich und konservativ. Ihre Fähigkeit, sich sprachlich gut ausdrücken zu können, ihre überzeugende Logik und ihre große Sachkenntnis verleiht ihnen eine starke Überzeugungskraft, so daß sie oft in dominierende Positionen gelangen.

UND WOZU DAS GANZE?

Es ist nicht einerlei, ob jemand rechts- oder linkshirndominant handelt und denkt. Ganz banale Mißverständnisse und Probleme, die auf den ersten Blick unbegründet erscheinen, entstehen aus diesen Unterschieden. Immer dann, wenn Rechtsdominierte und Linksdominierte zusammenarbeiten und kommunizieren, sind Mißverständnisse vorprogrammiert.

Wenn ein Mensch mit rechtsseitiger Gehirndominanz mit jemandem, dessen linkes Gehirn sich stärker zeigt, über technische Abläufe diskutiert, wird der Letztere wahrscheinlich in Rage geraten. Er wird den Eindruck haben, sein Gegenüber könne sich nicht präzise ausdrücken und habe keine Ahnung, worüber er rede, da er seine Aussagen nicht mit Daten und Fakten belegt. Sie sprechen keine gemeinsame sachbezogene Sprache. Der Umgang mit Details und Funktionszusammenhängen, analytisches und auf den Gesamtüberblick ausgerichtetes Denken sind unterschiedlich entwickelt.

Auf der anderen Seite wird eine rechtsdominante Person nur verständnislos den Kopf schütteln können, wenn technische Abläufe lediglich mit Zahlen, Formeln und Diagrammen dargestellt werden unter Verzicht auf anschauliche Bilder und Beispiele. Manches Mal wird er vergeblich nach Hintergründen und tieferem Sinn des Ganzen fragen.

Mitarbeiter einer EDV-Abteilung werden untereinander wahrscheinlich ohne große Probleme über sachbezogene Themen reden können. Schwierig kann es aber dann werden, wenn ein Kollege aus der Marketing-Abteilung sich in das Gespräch einmischt.

Rechtsdominierte schweifen schnell von einem Gedanken oder Thema ab, z. B. dann, wenn ein juristischer Vortrag nicht visuell gestützt ist, wenn weder anschauliche Beispiele noch AV-Medien eingesetzt werden.

Linksdominierte lassen sich dagegen nicht so schnell im Kino von Gefühlswallungen mitreißen, wenn sentimentale Szenen gezeigt werden.

Auch in Beratungen und Sitzungen können unterschiedliche links- und rechtsgestützte Positionen aufeinandertreffen. Wenn eher logisch-objektive Argumente auf mehr emotionale Begründungen stoßen, wird es wahrscheinlich kaum zu einer Einigung kommen. Beide Parteien sprechen dafür einfach zu unterschiedliche Sprachen. Was für die einen schlüssig und faktisch klar ist, ist für die anderen möglicherweise engstirnig und banal.

Aber hier kann für Abhilfe gesorgt werden. Ein Bogen Papier für ein Mind-Map genügt: *Beide Gehirnhälften haben gleichzeitig die ihnen angemessene Möglichkeit, sich auszudrücken.*

Hier nun ein Beispiel, welche Gehirnhälfte wir aktivieren, wenn wir die Uhrzeit ablesen:

Wer Digitaluhren bevorzugt, wird wahrscheinlich linksdominiert sein.

Die Ziffern vermitteln die gewünschte Information. Zeiträume nach vorn oder zurück werden ausgerechnet.

Analog-Uhren mit Ziffernblatt verdeutlichen auf bildhafte Weise die Zeit. Sie werden eher von Rechtshirndominierten gewählt. Sie empfinden gefühlsmäßig beim Blick auf die Zeigerstellung, wieviel Zeit vergangen ist und wieviel ihnen noch bleibt.

BALANCE

Nur eine Minderheit aller Menschen nutzt das Rechtshirn gleich intensiv wie das Linkshirn. Bei den meisten ist eines der Zentren besser trainiert. Dennoch wissen wir, daß z.B. Entscheidungen in den wenigsten Fällen ausschließlich durch die Aktivierung von nur einer Gehirnhälfte getroffen werden. Entscheidungen werden erwogen, Argumente von allen Seiten betrachtet. Je stärker die Rechtsdominanz ausgeprägt ist, desto stärker werden emotionale Gründe zur Entscheidung führen. Je stärker die Linksdominanz entwickelt ist, desto eher werden Fakten den Ausschlag geben.

Wer beide Großhirnzentren gleichermaßen nutzt, ist in seinen Fähigkeiten und sicherlich auch in seinen Entscheidungen ausgewogen. Leonardo da Vinci (1452-1529) wird solch ein ausbalanciertes Denken nachgesagt. Er nutzte seine Kapazitäten gleichermaßen als Bildhauer und Architekt, als Erfinder und Ingenieur, als Maler und Autor.

BALANCE-TRAINING

Zahlreiche Untersuchungen weisen darauf hin, daß die Entwicklung benachteiligter Gehirnhälften trainiert werden kann.

Mit künstlerischen Aktivitäten wie Malen, Musizieren und Bildhauern läßt sich das Rechtshirn fördern.

Kochen aktiviert gleichzeitig die rechts- wie die linksseitige Gehirnfunktion. Lesen, Gartenarbeit, Reisen und selbst Briefmarkensammeln erfüllen den gleichen Zweck - und natürlich auch Mind-Mapping.

Das linke Gehirn wird mit Kartenspielen, Computer-Programmieren und Sprachen-Lernen ebenso aktiviert wie bei kleinen selbst ausgeführten Reparaturen im Haushalt oder am Wagen. Auch Fortbildungskurse, Volkshochschulvorträge und Lehrgänge bieten sich an.

Genauso wie den Körper sollte man auch das Gehirn durch richtige Ernährung und Aktivität gesund erhalten. Hinsichtlich der Leistungsfähigkeit des menschlichen Gehirns besteht noch so mancher Irrglaube. So ist es z. B. nicht richtig, daß im Alter zwangsläufig die Gehirnfunktionen nachlassen. Das mentale Vermögen ist in jedem Alter eine Frage des Trainings. (Einzige Ausnahme ist wohl die abnehmende Leistungsfähigkeit des Kurzzeitgedächtnisses bei vielen Älteren, s.u.)

GEDÄCHTNIS

Populärwissenschaftlich werden zwei Arten von Gedächtnis unterschieden: das Kurzzeit- und das Langzeitgedächtnis.

Im Kurzzeitgedächtnis wird gespeichert, was erst vor kurzer Zeit erfahren oder erlebt wurde. Das Langzeitgedächtnis dagegen ist für längst Vergangenes zuständig.

Im Alter kann die Kraft des Kurzzeitgedächtnisses abnehmen. Mit dem Langzeitgedächtnis verhält es sich offenkundig anders, denn wie oft erinnern sich alte Menschen noch genau an lang zurückliegende Erlebnisse und Eindrücke.

Zwischen Gedächtnis und Großhirndominanz gibt es Zusammenhänge. Das liegt eigentlich nahe, denn wo verschiedene Eindrücke und Informationen des Großhirns unterschiedlich erfaßt und »bearbeitet« werden, müssen auch Unterschiede in der Art des Gedächtnisses vermutet werden.

Menschen mit linksdominiertem Gehirn werden gerade gelesene Texte leichter rekapitulieren und sich auch an einige Tage alte Berichte eher erinnern als Rechtsdominierte. Diese müssen sich erst eine bildhafte »Übersetzung« der Texte und Berichte erarbeiten. Rechtsdominierte werden sich dagegen an Ereignisse auch über lange Zeit erinnern, an denen sie aktiv oder emotional beteiligt waren.

GEDÄCHTNISTRAINING

Trainingmethoden zur Förderung des Gedächtnisses waren schon den alten Griechen bekannt. In unserer Einleitung haben wir einige besonders anschauliche Beispiele angeführt.

Heutzutage konzentrieren sich solche Methoden vor allem auf das Lerntraining, denn die wichtigsten Elemente von Lernprozessen sind Aufmerksamkeit, Verständnis und Motivation und der intensive Gebrauch aller fünf Sinne.

Moderne Unterrichtsmethoden verweisen darauf, daß AV-Medien oder andere Hilfsmittel von seiten der Lehrenden den Lernprozeß fördern und sich positiv auf die Gedächtnisleistung bemerkbar machen.

»VIBRATIONS«

In den letzten Jahren gerieten einige ältere Forschungsergebnisse erneut in den Mittelpunkt des Interesses.

Bekannt war bereits, daß beide Großhirnhälften über elektrisch meßbare Impulse miteinander verbunden arbeiten. Diese Impulse schwingen rhythmisch. Ihre Geschwindigkeit hängt dabei vom Lebensalter und von der jeweiligen »Großhirn-Fitness« ab.

Vier Frequenz-Bereiche sind unterschieden worden:

Delta-Wellen = 0,5 - 4 Schwingungen/Sek.
Theta-Wellen = 5 - 7 Schwingungen/Sek.
Alpha-Wellen = 8 - 14 Schwingungen/Sek.
Beta-Wellen = 15 - 30 Schwingungen/Sek.

Neugeborene und Säuglinge weisen ausschließlich Schwingungen im Delta-Bereich auf, also auf niedrigster Stufe.

Bei Kindern und Jugendlichen wurden im Wachzustand vorwiegend Alpha-Wellen gemessen.

Das Gehirn von Erwachsenen bewegt sich im Wachzustand auf dem höchsten Schwingungsniveau, im Beta-Wellen-Bereich.

Beim Übergang vom Wach- in den Schlafzustand schwingen sich die Gehirnwellen bei Jugendlichen und Erwachsenen wieder in den Theta-Bereich ein.

Gehirn-Schwingungen im Alpha-Bereich fördern effektive Lernfähigkeit und eine optimale Gedächtnisleistung. Schul- und Ausbildungsjahre sind die Jahre, in denen wir am wirkungsvollsten lernen, denn in diesem Zeitraum dominiert der Alpha-Wellen-Bereich. Als Erwachsene erleben wir diese Alpha-Zustände eher zufällig und unbewußt. Sie stellen sich aber immer wieder ein in Phasen der Entspannung, kurz vor dem Einschlafen, in der Badewanne oder - was nicht ganz ungefährlich ist - beim Autofahren.

In diesen Momenten verstärkt sich das kreative Denken. Lösungen für Probleme, neue Ideen und phantasievolle »Gedankenblitze« stellen sich ein.

Kreative Denkphasen können provoziert werden, indem Niveausenkungen der Gehirnströme bewußt herbeigeführt werden. Der Amerikaner José Silva hat eine auf der ganzen Welt verbreitete Methode entwickelt, bei voller Kontrolle des wachen Bewußtseins das Gehirn zu Alpha-Schwingungen zu veranlassen.

Farben wirken z. B. im allgemeinen dämpfend auf die Gehirnschwingungen. Verschiedene Meditationstechniken bauen auf diesen Erfahrungen auf. Das Farbspektrum des Regenbogens kann bewußt mit bestimmten Gedanken verknüpft werden. Wenn dann aber die einzelnen Farben nacheinander »abgerufen« werden, lassen sich so die Gehirnschwingungen langsam absenken.

Musik ist hervorragend dazu geeignet, Lernprozesse über längere Zeiträume hinweg zu unterstützen. Der bulgarische Arzt Georgi Losanow hat eine Lernmethode, die »Suggestopädie«, entwickelt, bei der z. B. die Musik des Barock und der Klassik mit Rhythmen von circa 60 Anschlägen pro Minute als Hintergrundmusik beim Lernen eingesetzt wird. Interessierte können sich daraufhin Vivaldis *Vier Jahreszeiten*, Musik von Bach, Händel, Telemann u. a. einmal unter einem ganz neuen Aspekt zu Gemüte führen.

Darüberhinaus gibt es eine sehr einfache Methode, Gehirnschwingungen auf ein »kreatives Niveau« einzupendeln: Mind-Mapping.

Wer also sowohl seine Musik bewußt auswählt und sich außerdem mit Mind-Mapping beschäftigt, hat damit ideale Bedingungen für effektives Lernen und ein verläßliches Gedächtnis geschaffen.

KOMMUNIKATION UND KOMMUNIKATOREN

Wir kommunizieren schriftlich, mündlich oder mit Hilfe der Körpersprache. In unserem Kapitel über die Funktionen von Rechts- und Linkshirn haben wir bereits auf immer wiederkehrende Kommunikationsstörungen verwiesen.

SCHRIFTLICHE KOMMUNIKATION

Über Jahrhunderte hinweg hat die Zivilisation zur Verbreitung von Schreibgewohnheiten beigetragen. Heute stapeln sich nun überall Zeitungen, Bücher, Anleitungen und Rundschreiben. Ein Sprichwort formuliert es so: »Von der Wiege bis zur Bahre Formulare, Formulare!«

Alles, was geschrieben steht, ist auf eine linksorientierte Gehirntätigkeit ausgerichtet. Gelesen wird immer von oben links nach unten rechts, Zeile für Zeile. Wörter, Sätze und Gedanken werden aneinandergereiht und miteinander verknüpft.

Mit dem Lesen ist nicht konsequenterweise das Verständnis verbunden, erst recht nicht die Erinnerung an den Textinhalt. Der Schwierigkeitsgrad ist natürlich von großer Bedeutung dafür, ob das Gelesene gespeichert wird. Häufen sich sachliche Informationen, komplizierte Formulierungen, verschachtelte Sätze oder fehlt eine logische Textstrukturierung, springt der »Funke« natürlich entsprechend langsamer.

Bei einem schwierigen Text ist der Inhalt des ersten Abschnittes oft schon wieder vergessen oder nur noch unklar zu rekapitulieren, wenn der Leser schließlich das Ende erreicht hat. Auch die Verknüpfung der einzelnen Abschnitte gelingt nicht, da ein durchgängiger Schlüsselgedanke nicht erkannt wird.

Wie schnell ist beim Lesen der Überblick zu verlieren und wie oft muß das Gleiche zweimal gelesen werden, bevor alles erfaßt ist.

Vorgänge wie das Lesen und Formulieren zählen zu den Funktionsbereichen des Linkshirns. Die Dominanz dieser Gehirnhälfte führt zu entsprechend weniger Problemen mit diesen Aktivitäten.

Rechtsdominierte müssen sich wohl eher intensiv mit den Buchstaben auseinandersetzen, wenn sie die Aussage nachvollziehen wollen. Auf anschauliche Beispiele, Bilder und Farben sowie auf jede Art visueller Darstellung würden sie positiv mit erhöhter Lerneffektivität reagieren.

Die Aufbereitung von Informationen und Unterhaltung im Fernsehen fördert dagegen visuell gestützte Wahrnehmung.

Beim Schreiben verläuft der Lernprozeß in umgekehrter Richtung. Zuerst müssen die Einfälle vorhanden sein, damit diese dann in einer Textfolge formuliert werden können. Oft kommen die Gedanken aber in so willkürlicher Aufeinanderfolge, daß es schwerfällt, sie geordnet auf das Papier zu bringen.

MÜNDLICHE KOMMUNIKATION

Schwierigkeiten mit der Schriftsprache sind oft mit Problemen in der mündlichen Kommunikation verbunden. Eine Gesprächssituation ist von einer Vielzahl von Faktoren beeinflußt: Sympathien, emotionale Harmonie, Verständnis u. a. m. wirken auf die Unterhaltung mit ein.

Auch die Körpersprache muß in jeder Gesprächssituation berücksichtigt werden. Mimik und Gestik sind wichtige Elemente. Ein Sachverhalt, der mit grimmiger Miene vorgebracht wird, erzielt sicherlich eine andere Wirkung als der gleiche Wortlaut, der von einem Lächeln begleitet wird. Mimik und

Gestik können sich jedoch auch rückwirkend oder prospektiv auf andere Situationen beziehen. Wenn in dieser Hinsicht keine mündliche Verständigung erfolgt, sind Mißverständnisse nicht zu vermeiden.

Ein gedruckter Text macht es möglich, mit seinen Gedanken bei einzelnen Wörtern zu verweilen und sie in Ruhe zu überdenken. Im Gespräch und gerade während eines schnellen Wortwechsels kann immer leicht der Anschluß an das Gesagte verloren gehen. Eine Sekunde mangelnder Konzentration reicht bereits aus, um zwei Sprechpartner gedanklich voneinander zu entfernen und die Kommunikation zu unterbrechen. Dann muß man sich schnell Notizen machen, um die eigenen Gedanken festzuhalten, damit man sie an passender Stelle doch noch einbringen kann.

Die Analyse von solchen Kommunikationsstörungen bestätigt immer wieder die Theorie von Rechtshirn- und Linkshirndominanzen. Jeder von uns kennt Beispiele genug – unter Freunden, unter Kollegen, ja selbst unter Verliebten.

Und umgekehrt, immer gibt es auch bestimmte Menschen, mit denen der Gedankenaustausch einfach klappt, wo das Zuhören leicht fällt, Ansporn und Inspiration erlebt werden.

WÖRTER - GEDANKEN - ASSOZIATIONEN

Egal, ob es um mündliche oder schriftliche Kommunikation geht, oftmals tauchen Verständnisschwierigkeiten bereits bei einzelnen Wörtern auf. Gleiche Wörter müssen nicht zwangsläufig von unterschiedlichen Individuen gleich interpretiert werden.

Um zwei Beispiele zu nennen: »Madeira« kann für den einen der Dessertwein bedeuten, der andere denkt dabei an die Sonneninsel im Atlantik.

»Mozart« wird für den einen mit der Erinnerung an eine bestimmte Filmmusik verbunden sein. Andere wiederum denken an Konzerte, die sie besucht haben.

Jeder Begriff ist mit individuellen Erfahrungen besetzt, die spezifische Erinnerungen und Assoziationen hervorrufen. Nur Gesprächspartner mit ähnlichen Gedankenassoziationen haben die Chance, genau das zu verstehen, was sie einander sagen wollen.

Beim Mind-Mapping dienen die Schlüsselwörter als exakte Stichworte, die der Verständigung auch ganz unterschiedlicher Charaktere entgegenkommt. Notwendig aber ist es, sich die unterschiedlichen Bedeutungsmöglichkeiten bewußt zu machen.

Während des Mind-Mapping Prozesses kann immer gleich geklärt werden, was jeder mit einem bestimmten Schlüsselwort meint. Und schon die Diskussion, welches Wort auf einen Ast geschrieben werden soll, sorgt für eine klare, gemeinsame Kommunikationsgrundlage. Sie werden staunen, wie gut Sie sich in Zukunft gegenseitig verstehen werden.

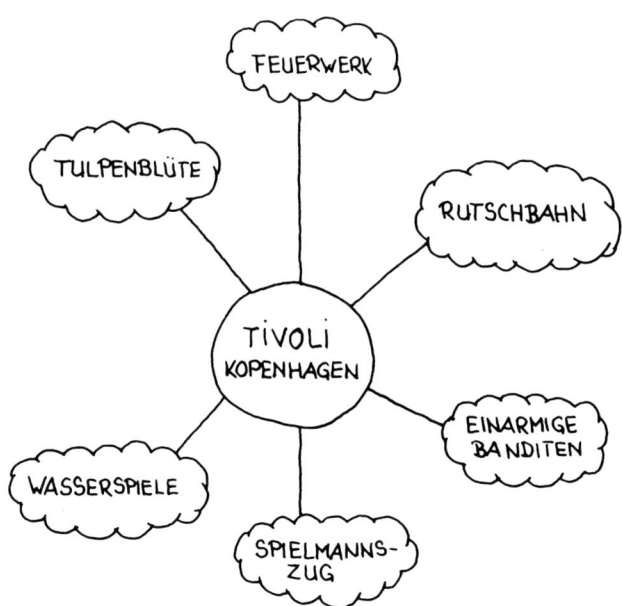

GEDANKEN ZU »TIVOLI«

Unser Bildbeispiel zeigt, welche Gedanken das Wort »Tivoli« hervorruft. Die Art und die Anzahl der Assoziationen hängen jeweils natürlich davon ab, welche Erfahrungen ein Individuum mit diesem Wort - oder genauer mit der Realität, die dieses Wort für die betreffende Person verkörpert - gemacht hat. Da Erlebnishorizonte bekanntlich sehr unterschiedlich gesetzt sind, ist es auszuschließen, daß zwei Personen jemals exakt die gleichen Gedanken speichern.

Deutschsprachige Literatur

Agor, W. H. (1994), Intuitives Management.
    Offenbach: GABAL

Beelich, K. H. u. Schwede, H.-H. (1983). Denken - Planen - Handeln
    Würzburg: Vogel

Buzan, T. (1984). Kopftraining.
    München: Goldmann

Birkenbihl, V. (1997). Stroh im Kopf? Gebrauchsanleitung für's Gehirn – vom „Gehirn-
    Besitzer" zum „Gehirn-Benutzer". 31. Auflage. Offenbach: GABAL

Blakeslee, Th. R. (1988). Das rechte Gehirn. Das Unbewußte und seine
    schöpferischen Kräfte. Freiburg i. Br.: Aurum

Dörner, D. (1989), Die Logik des Mißlingens. Reinbeck: Rowohlt

Edwards, B. (1988). Garantiert zeichnen lernen.
    Reinbek: Rowohlt

Jaynes, J. (1988). Der Ursprung des Bewußtseins durch den Zusammenbruch
    der bikameralen Psyche. Reinbek: Rowohlt

Klampf-Lehmann, I. (1986). Der Schlüssel zum besseren Gedächtnis.
    München/Zürich: Delphin

Meister Vitale, B. (1998). Lernen kann phantastisch sein. Kinderleicht, kindgerecht,
    kreativ. 9. Auflage. Offenbach: GABAL

Ostrander, S. u. N. u. Schroeder, L. (1980) Leichter lernen ohne Streß -
    Superlearning. Bern und München: Scherz

Rico, G. L. (1984). Garantiert schreiben lernen.
    Reinbek: Rowohlt

Russell, P. (1982). Der menschliche Computer.
    München: Heyne

Silva, J. u. Miele, Ph. (1983). Silva Mind Control.
    Argenbühl-Eglofstal: Schwab

Springer, S. P. u. Deutsch G. (1987). Linkes - rechtes Gehirn. Funktionelle
    Asymmetrien. Heidelberg: Spektrum der Wissenschaft

Sagan, C. (1978). Die Drachen von Eden. Das Wunder der menschlichen
    Intelligenz. München: Droemer-Knaur

Seiwert, L. J. (1998) Das neue 1 x 1 des Zeitmanagement. Zeit im Griff, Ziele in Balance,
    Erfolg mit Methode. 20. Auflage. Offenbach: GABAL

Ullmann, F., Bierbaum, G. (1984). Nichts vergessen - mehr behalten. Ein
    Trainingsprogramm. München: Universitas

Vester, F. (1978). Denken, Lernen, Vergessen.
    Stuttgart: dtv

Zdenek, M. (1994). Der kreative Prozeß.
    Offenbach: GABAL